FRANÇAIS LITTÉRATURE & MÉTHODES

CLASSES DES LYCÉES

1. LES REPÈRES D'UN TEXTE

CAHIER D'EXERCICES

NATHAN

1 LES TEXTES INJONCTIF, ARGUMENTATIF OU EXPLICATIF

1 LE TEXTE INJONCTIF

Le texte injonctif exprime un conseil, un ordre ou une défense de façon plus ou moins nuancée.

▶ Lisez le texte ci-contre. Encadrez les verbes et relevez les modes employés. Soulignez les pronoms.

▶ En vous aidant de ces indices, complétez la définition du texte injonctif.

Je veux donc bien vous instruire de mes projets : mais jurez-moi qu'en fidèle chevalier, vous ne courrez aucune aventure que vous n'ayez mis celle-ci à fin. Elle est digne d'un héros : vous servirez l'amour et la vengeance ; ce sera enfin une rouerie de plus à mettre dans vos Mémoires :
5 oui, dans vos Mémoires, car je veux qu'ils soient imprimés un jour, et je me charge de les écrire. Mais laissons cela, et revenons à ce qui m'occupe.

Choderlos de Laclos, *Les Liaisons dangereuses*, 1782.

Le texte injonctif a pour fonction de ...., de ....

...., et de .... Il se caractérise

par ....

....

....

....

....

2 LE TEXTE ARGUMENTATIF

▶ Lisez le texte ci-contre. Définissez la situation de communication (Qui parle ? À qui ? Dans quelle intention ?).

▶ Soulignez les marques de l'énonciation (c'est-à-dire tout ce qui concerne la situation dans laquelle l'énoncé est produit) :
– mots marquant la présence d'un émetteur et d'un récepteur,
– marques de la subjectivité de l'émetteur (doute, certitude, jugement de valeur...).

▶ Entourez les mots de liaison qui permettent de passer logiquement d'une idée à une autre.

▶ En vous aidant de tous les indices que vous avez relevés, complétez la définition du texte argumentatif.

*Devenez actionnaire
de la première banque des entreprises françaises*

Si aujourd'hui les cent premières entreprises françaises et le tiers des PME-PMI ont choisi la BNP, ce n'est pas sans raison.

C'est d'abord parce que les chargés d'affaires de la BNP connaissent les préoccupations des entreprises et sont proches d'elles. C'est ensuite parce que la BNP propose une gamme complète de financements et de services, adaptés à la taille et aux besoins de chaque entreprise.
10 C'est enfin parce que la BNP est au cœur du tissu économique français. Autant de raisons qui expliquent que tant d'entreprises aient accordé leur confiance à la BNP et à son professionnalisme.

BNP.

Le texte argumentatif cherche à ....

.... Il vise à agir sur l'opi-

nion du lecteur au moyen de ....

.... et de ....

....

....

....

....

© Éditions Nathan 1995 – 9, rue Méchain – 75014 Paris

3 LE TEXTE EXPLICATIF

Le texte explicatif cherche à faire comprendre quelque chose au lecteur, à augmenter son savoir. Ce type de texte est généralement composé de trois phases principales :
– la problématisation,
– la phase explicative présentant un raisonnement-solution,
– la phase conclusive.

▶ Délimitez dans le texte ci-contre ces trois phases.
▶ Présentez dans un court paragraphe rédigé les objectifs du texte explicatif que vous avez analysé.

LA MORT VENUE DE LA MER...

Au cours des temps géologiques, le niveau de la mer a varié de plusieurs centaines de mètres et au gré des changements climatiques et des mouvements de l'écorce terrestre. Lors des régressions, c'est-à-dire des baisses de niveau, les mers côtières peu profondes (moins de 200 m)
5 s'assèchent progressivement. Devant la réduction drastique de leur espace vital, les organismes marins se livrent un terrible combat pour la survie, qui se solde par l'élimination des espèces les moins aptes à s'adapter. Ce fut le cas notamment des ammonites, des bélemnites et de nombreuses espèces d'oursins à la fin du Crétacé. À l'inverse, les requins, poissons de
10 grand large, ont été peu affectés par ce type de phénomène. Sur Terre, l'extension des surfaces émergées provoque une « continentalisation » du climat, et les espèces les moins bien adaptées au froid, comme les dinosaures, disparaissent.

Marc Mennessier, *Science et Vie*, n° 920, mai 1994.

Votre réponse : ....
....
....
....
....
....

4 APPLICATION

▶ Soulignez dans le texte suivant :
– en rouge, les passages injonctifs ;
– en bleu, les passages argumentatifs ;
– en noir, les passages explicatifs.
▶ Encadrez pour chaque passage les indices précis qui vous permettent d'en déterminer le type.
▶ Indiquez le type dominant de l'extrait.

Paris est aussi grand qu'Ispahan. Les maisons y sont si hautes qu'on jurerait qu'elles ne sont habitées que par des astrologues. Tu juges bien qu'une ville bâtie en l'air, qui a six ou sept maisons les unes sur les autres, est extrêmement peuplée, et que, quand tout le monde est descendu dans
5 la rue, il s'y fait un bel embarras.

Tu ne le croirais pas peut-être : depuis un mois que je suis ici, je n'y ai encore vu marcher personne. Il n'y a point de gens au monde qui tirent mieux parti de leur machine que les Français : ils courent ; ils volent. Les voitures lentes d'Asie, le pas réglé de nos chameaux, les feraient tomber
10 en syncope. Pour moi, qui ne suis point fait à ce train, et qui vais souvent à pied sans changer d'allure, j'enrage quelquefois comme un Chrétien : car encore passe qu'on m'éclabousse depuis les pieds jusqu'à la tête ; mais je ne puis pardonner les coups de coude que je reçois régulièrement et périodiquement. Un homme qui vient après moi, et qui me passe, me fait
15 faire un demi-tour, et un autre, qui me croise de l'autre côté, me remet soudain où le premier m'avait pris ; et je n'ai pas fait cent pas, que je suis plus brisé que si j'avais fait dix lieues.

Ne crois pas que je puisse quant à présent, te parler à fond des mœurs et des coutumes européennes : je n'en ai moi-même qu'une légère idée, et
20 je n'ai eu à peine que le temps de m'étonner.

Montesquieu, *Lettres persanes*, 1721.

2 LE TEXTE DESCRIPTIF, LE TEXTE NARRATIF

1 LES CARACTÉRISTIQUES DU TEXTE DESCRIPTIF

Le texte descriptif permet au lecteur de se représenter des lieux, des objets, des personnages réels ou fictifs.

▶ **Dans les deux textes descriptifs ci-contre, entourez les indicateurs de lieu, soulignez les verbes employés, recherchez les réseaux lexicaux dominants.**
▶ **Complétez le tableau.**

Au milieu de ce joyeux tumulte, John Jarvis, dont les puissantes facultés d'observation ne restaient pas une minute sans s'exercer, remarqua deux choses : d'abord la mine ironique et méprisante du docteur Kristian qui, retiré dans un angle du salon, souriait
5 sardoniquement en haussant les épaules. Le docteur était petit et ventripotent, ses bras trop longs balançaient de formidables poings, noueux et velus. Sa face carrée aux mâchoires lourdes, surmontée d'une forêt de cheveux d'un roux désagréable, exprimait la brutalité et la bassesse, et ses petits yeux porcins aux sourcils pâles, reflétaient la ruse et
10 la perfidie.

Gustave Lerouge, *Todd Marvel, détective milliardaire*, 1923,
Union générale d'éditions - 10/18.

Au coin du passage Pierre-Mille, un acacia orne la terrasse de la seule boulangerie de Paris qui en possède une, où rouille une table sans doute requise à la belle saison. Plus loin en contrebas passe la ligne désaffectée du chemin de fer de ceinture, qui oblique vers un tunnel et devient viaduc
5 pour enjamber la rue de Vaugirard : un garage s'est réfugié sous ses arches.

Olivier Barrot, *Détours du monde*, 1991, Éd. J.C. Lattès.

	Texte 1	Texte 2
Indicateurs spatiaux	....	....
Temps verbaux	....	....
Réseaux lexicaux	....	....
Thème	....	....

2 L'ORGANISATION DU TEXTE DESCRIPTIF

Le texte descriptif s'oriente en fonction du point de vue de celui qui décrit, narrateur ou personnage.

▶ **Entourez les mots et expressions qui révèlent le point de vue de l'émetteur (verbes de perception, adverbes, adjectifs qualificatifs, comparaisons).**
▶ **Soulignez en rouge le thème de la description, en bleu les sous-thèmes.**
▶ **Mettez entre crochets la description dans ce passage. Aidez-vous des temps verbaux.**

Je levai les yeux, et je la vis. C'était un vendredi, et je ne l'oublierai jamais. Je vis cette Carmen que vous connaissez, chez qui je vous ai rencontré il y a quelques mois.
Elle avait un jupon rouge fort court qui laissait voir des bas de soie
5 blancs avec plus d'un trou, et des souliers mignons de maroquin rouge attachés avec des rubans couleur de feu. Elle écartait sa mantille afin de montrer ses épaules et un gros bouquet de cassie qui sortait de sa chemise. Elle avait encore une fleur de cassie dans le coin de la bouche, et elle s'avançait en se balançant sur ses hanches comme une pouliche du haras
10 de Cordoue.

Prosper Mérimée, *Carmen*, 1845.

3 | LES CARACTÉRISTIQUES DU TEXTE NARRATIF

Le texte narratif rapporte des actions, des événements qui se sont produits dans le temps.

▶ Dans les deux extraits ci-contre, entourez les mots indicateurs de temps, soulignez les verbes employés, repérez leur valeur ainsi que leur temps.

▶ Complétez le tableau.

En 49 avant Jésus-Christ, naquit un port : Forum Julii. Ainsi en avait décidé Jules César. Vingt ans plus tard, Auguste conduisit les trois cents galères de la flotte de Cléopâtre dans ce port vaste et sûr.

Le sable de la mer, l'oubli des hommes l'ont, au cours des siècles,
5 éloigné du temps et du rivage. Aujourd'hui, par la volonté des hommes, sur le même site, un nouveau port a été construit : Port-Fréjus. La mer retrouve le cœur de la cité. La ville renoue avec sa vocation originelle : lieu de rencontre de la mer et des hommes.

Publicité Collette et Flimon/Horus, DR.

Dès les premiers pas qu'il fit en enfonçant profondément dans la neige, il en trouva la confirmation – infime certes, mais significative – dans les traces d'oiseaux, de rongeurs et de petits carnassiers qui entrecroisaient leur délicate sténographie sur la grande page blanche ouverte à ses pieds.
5 Il reprit le volant du Magirus dont on avait enchaîné les pneus, et il avança en cliquetant et en patinant dans un paysage dont l'hiver accentuait désormais tous les caractères.

Michel Tournier, *Le Roi des Aulnes*, 1970, Éd. Gallimard.

	Texte 1	Texte 2
Indicateurs temporels		
Verbes : caractéristiques		
Temps verbaux		

4 | APPLICATION

▶ Recherchez les caractéristiques des textes narratif et descriptif dans l'extrait ci-contre. Soulignez en rouge les passages descriptifs et en noir les passages narratifs.

▶ Sur une feuille, présentez chacun des passages sous la forme d'un paragraphe rédigé mettant en évidence ses caractéristiques et sa fonction.

Je baissai la paupière, bien résolu à ne plus la relever pour me soustraire à l'influence des objets extérieurs ; car la distraction m'envahissait de plus en plus, et je savais à peine ce que je faisais.

Une minute après, je rouvris les yeux, car à travers mes cils je la voyais
5 étincelante des couleurs du prisme, et dans une pénombre pourprée comme lorsqu'on regarde le soleil.

Oh ! comme elle était belle ! [...] Elle était assez grande, avec une taille et un port de déesse ; ses cheveux, d'un blond doux, se séparaient sur le haut de sa tête et coulaient sur ses tempes comme deux fleuves d'or ; on
10 aurait dit une reine avec son diadème.

Théophile Gautier, *La Morte amoureuse*, 1839.

3 LA CONSTRUCTION DU TEXTE ARGUMENTATIF

1 LES REPÈRES DE L'ARGUMENTATION

L'argumentation vise à agir sur quelqu'un, à le faire changer d'avis ou à renforcer ses convictions : roman, conte, lettre, essai, théâtre, cinéma, publicité... Pour convaincre, l'argumentateur utilise aussi bien le récit que le discours.

▶ **Soulignez en rouge les marques de l'énonciation qui révèlent la présence d'un émetteur et celle d'un récepteur.**
▶ **Soulignez en bleu les indices d'opinion qui éclairent le récepteur sur la position de l'auteur.**
▶ **Remplissez le schéma.**

Turgot et Malesherbes, ministres protecteurs des philosophes, ont été contraints de démissionner. Voltaire conseille Diderot sur l'attitude à adopter face aux fanatiques...

Le 14 août 1776

Ce qu'il y a d'affreux, c'est que les philosophes ne sont point unis, et que les persécuteurs le seront toujours. Il y avait deux sages à la cour ; on a trouvé le secret de nous les ôter ; ils n'étaient pas dans leur élément. Le nôtre est la retraite ; il y a vingt-cinq ans que je suis dans cet abri.
5 J'apprends que vous ne vous communiquez dans Paris qu'à des esprits dignes de vous connaître : c'est le seul moyen d'échapper à la rage des fanatiques et des fripons. Vivez longtemps, monsieur, et puissiez-vous porter des coups mortels au monstre dont je n'ai mordu que les oreilles.

Voltaire, *Lettre à Diderot*, 1776.

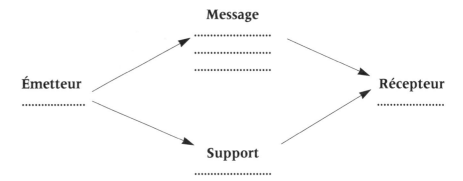

2 LE CIRCUIT ARGUMENTATIF

Construire un texte argumentatif implique de suivre un ordre logique dans l'exposé des idées : à la thèse, exprimée explicitement ou non, succèdent des arguments, eux-mêmes illustrés par des exemples. Une phrase conclusive vient généralement rappeler la thèse évoquée en début de paragraphe.

▶ **Encadrez les articulations logiques contenues dans le texte ci-contre.**
▶ **Soulignez en bleu les arguments, en rouge les illustrations.**
▶ **Rédigez de manière explicite la thèse exprimée implicitement par l'auteur.**

Si votre grand-mère ne sait toujours pas à quoi peut servir un ordinateur à la maison, montrez-lui le Packard Bell Spectria. D'abord, il prend peu de place : son boîtier, d'un seul tenant, comprend l'unité centrale, l'écran de 14 pouces et deux haut-parleurs. Une seule prise à brancher. Ensuite, il est extrêmement facile à utiliser. Au démarrage, on passe directement sous Windows et une animation vidéo affiche un décor de maison avec différentes salles correspondant à autant d'utilisations de l'ordinateur : apprentissage des logiciels, accès aux applications, personnalisation, etc. [...]

Mais le principal intérêt du Spectria, c'est son goût pour le transformisme : récepteur de télévision, chaîne hi-fi, Minitel, télécopieur... et même ordinateur.

En dépit de sa taille modeste, il est équipé dernier cri : lecteur de CD-Rom à quadruple vitesse, système sonore stéréo avec dispositif SRS pour les effets en trois dimensions, carte TV-tuner Secam pour recevoir la télé et modem-fax rapide à 14 400 bps... L'utilisation de ces équipements est agréablement simplifiée par les logiciels installés sur la machine, qui s'ajoutent aux CD-Rom offerts par le constructeur (jeux, encyclopédies, etc.). Et si vous n'arrivez pas à convaincre grand-mère, rien ne vous empêche de l'utiliser vous-même.

Libération, 14 avril 1995
(supplément « Multimédia »).

Thèse explicite : ....
....
....
....

3 | APPLICATION

▶ Soulignez dans le texte :
en rouge, la thèse défendue ;
en bleu, les arguments ;
en vert, les illustrations ;
en noir, la conclusion.
▶ Remplissez le schéma.
▶ Complétez l'analyse.

« Ah ! la mer ! la mer ! répétait Paganel, c'est le champ par excellence où s'exercent les forces humaines, et le vaisseau est le véritable véhicule de la civilisation ! Réfléchissez, mes amis. Si le globe n'eût été qu'un immense continent, on n'en connaîtrait pas encore la millième partie au
5   XIXᵉ siècle ! Voyez ce qui se passe à l'intérieur des grandes terres. Dans les steppes de la Sibérie, dans les plaines de l'Asie centrale, dans les déserts de l'Afrique, dans les prairies de l'Amérique, dans les vastes terrains de l'Australie, dans les solitudes glacées des pôles, l'homme ose à peine s'y aventurer, le plus hardi recule, le plus courageux succombe. On ne peut
10 passer. Les moyens de transport sont insuffisants. La chaleur, les maladies, la sauvagerie des indigènes forment autant d'infranchissables obstacles. Vingt milles de désert séparent plus les hommes que cinq cents milles d'océan ! On est voisin d'une côte à une autre ; étranger, pour peu qu'une forêt vous sépare ! L'Angleterre confine à l'Australie, tandis que
15 l'Égypte, par exemple, semble être à des millions de lieues du Sénégal, et Pékin aux antipodes de Saint-Pétersbourg ! La mer se traverse aujourd'hui plus aisément que le moindre Sahara, et c'est grâce à elle, comme l'a fort justement dit un savant américain, qu'une parenté universelle s'est établie entre toutes les parties du monde. »
20 Paganel parlait avec chaleur, et le major lui-même ne trouva pas à reprendre un seul mot de cet hymne à l'Océan.

Jules Verne, *Les Enfants du capitaine Grant*, 1867.

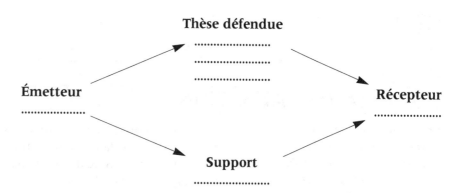

Thèse défendue
....
....
....

Émetteur
....

Récepteur
....

Support
....

Analyse à compléter :

Le roman est pour Jules Verne un moyen de vulgariser les découvertes scientifiques du XIXᵉ siècle. Ainsi, dans *Les Enfants du capitaine Grant*, il fait défendre au savant Paganel la thèse selon laquelle ....
.... Pour appuyer son discours, Paganel explique que ....
....
.... En conclusion, le savant affirme que ....
....
....

4 LA MODALISATION

1 LA SITUATION D'ÉNONCIATION

L'émetteur ou énonciateur produit un message ou énoncé. Cette action et la situation dans laquelle ce message est produit s'appellent l'énonciation.

▶ Relevez dans les textes ci-contre les marques de l'énonciation, c'est-à-dire les éléments de la situation de communication repérables dans l'énoncé :
– indicateurs de personne (tous les pronoms, adjectifs possessifs désignant l'énonciateur et le destinataire) ;
– indicateurs de lieu (tous les indices qui marquent la position des êtres et des objets par rapport à l'énonciateur au moment où il élabore son énoncé) ;
– indicateurs de temps (tous les indices qui prennent comme repère le moment où l'énonciateur parle).
▶ En vous aidant de ces indices, complétez le tableau.

Texte 1

> Paris, le 27 mars
>   M. et Mme Renard Philippe
>   M. et Mme Lyoen Pascal
> ont le plaisir de vous inviter
> au mariage de leurs enfants,
> Annabelle et Max, le samedi
> 10 mai, à 11 h 30.
> R.S.V.P.   34, rue Clemenceau.

Texte 2

Amie chère,

  Il est une heure du matin. Je suis dans mon grenier, entouré de mes livres et des toiles que des peintres amis m'ont offertes. Nuit, profond silence, sommeil des hommes et de la nature. Il me vient le désir de
5 m'entretenir un moment avec vous, bien que je n'aie pas l'impression d'avoir quoi que ce soit à vous dire.

Charles Juliet, Dans la lumière des saisons, 1991, Éd. POL.

Situation d'énonciation	Énonciateur	Destinataire	Lieu	Moment
Texte 1	....	....	....	....
Texte 2	....	....	....	....

2 LA MODALISATION

L'énonciateur peut être convaincu d'avoir raison et se montrer très affirmatif. Au contraire, peu sûr de ce qu'il dit, il manifestera une certaine retenue. Il peut aussi marquer des réactions émotives ou des jugements de valeur. Toutes ces marques concernent la modalisation, c'est-à-dire l'attitude qu'adopte l'énonciateur à l'égard de l'énoncé qu'il produit.

▶ Soulignez dans le texte ci-contre les mots et expressions qui renseignent sur l'attitude de l'énonciateur :
– en rouge, ceux qui indiquent le degré de conviction (sans doute, peut-être...) ;
– en bleu, ceux qui expriment un jugement de valeur (« pauvre », « le mieux possible »...)

  Oh ! je voudrais écrire, écrire... Les pensées me brûlent la plume, les mots se pressent dans ma tête en feu et les sujets s'accumulent dans ma pauvre imagination de dix-sept ans.
  J'ai besoin d'être quelqu'un. J'ai besoin de percer, le plus vite possible, et
5 d'écrire, le plus possible, le mieux possible surtout.
  Trois choses m'arrêtent encore maintenant : l'horreur de la banalité dans laquelle je tombe si souvent, j'en suis sûr, sans le savoir ; puis des scrupules qui me font délaisser les vers pour les études du bachot ; enfin, la paresse, je l'avoue. Et pourtant, non ! ce n'est pas vrai ! Ce n'est pas la
10 paresse. Je resterais bien quatre heures sur une poésie (et je l'ai déjà fait bien des fois) si je n'avais la conscience de perdre mon temps.
  Oh ! si je puis un jour !

Pierre Louÿs, Mon journal, 1887-1888, Éd. du Seuil.

3 — LES MARQUES DE LA MODALISATION

Les modalisateurs sont tous les indices qui marquent la position de l'énonciateur quant au degré de validité de ce qu'il énonce :
– l'approximation : sans doute… ;
– la certitude : incontestablement…
Ce soutien gradué peut s'exprimer par :
– des verbes (espérer, croire…) ;
– des périphrases (il semble que, il est certain que…) ;
– des adverbes (évidemment, sans doute…) ;
– le conditionnel (il aurait dit…).

▶ Soulignez dans le texte de Jean Giono tous les termes qui indiquent le degré de soutien de l'énonciateur.

▶ Classez ces indices pour compléter le tableau et reformulez l'opinion de l'auteur.

L'inutilité de toutes les guerres est évidente. Qu'elles soient défensives, offensives, civiles, pour la paix, le droit pour la liberté, toutes les guerres sont inutiles. La succession des guerres dans l'histoire prouve bien qu'elles n'ont jamais conclu puisqu'il a toujours fallu recommencer les
5 guerres. La guerre de 1914 a d'abord été pour nous, Français, une guerre dite défensive. Nous sommes-nous défendus ? Non, nous sommes au même point qu'avant. Elle devait être ensuite la guerre du droit. A-t-elle créé le droit ? Non, nous avons vécu depuis des temps pareillement injustes. Elle devait être la dernière des guerres ; elle était la guerre à tuer
10 la guerre. L'a-t-elle fait ? Non. On nous prépare de nouvelles guerres ; elle n'a pas tué la guerre ; elle n'a tué que des hommes inutilement. La guerre civile d'Espagne n'est pas encore finie qu'on aperçoit déjà son évidente inutilité. Je consens à faire n'importe quel travail utile, même au péril de ma vie. Je refuse tout ce qui est inutile et en premier lieu toutes les
15 guerres car c'est un travail dont l'inutilité pour l'homme est aussi claire que le soleil.

Jean Giono, *Lettre aux paysans sur la pauvreté et la paix*,
1938, Éd. de la Butte aux Cailles.

	Verbes	Adjectifs	Adverbes	Autres
Degré de soutien	....	....	....	....
	....	....	....	....
	....	....	....	....

L'opinion de l'auteur : ....
....

4 — APPLICATION

▶ Relevez toutes les marques de l'énonciation dans le texte de Jean-Jacques Rousseau.

▶ À l'aide de ces indices, répondez aux questions suivantes sur une feuille :
– Qui ? (ce que l'on apprend sur l'auteur, ses opinions, ses idées…) ;
– À qui ? (quel est le public visé ?) ;
– Quand ? (situer le texte dans le temps) ;
– Où ?
– Dans quelle intention ?

▶ Présentez sous forme rédigée une explication où vous montrerez de quelles façons la situation d'énonciation a influencé l'énoncé.

PRÉFACE

Si cet écrit tombe entre les mains d'un honnête homme qui chérisse la vertu, qui aime ses frères, qui plaigne leurs erreurs et déteste leurs vices, qui sache s'attendrir quelquefois sur les maux de l'humanité, et surtout qui travaille à se rendre meilleur, il peut le lire en toute sûreté. Mon cœur
5 va parler au sien.

J'aime à me flatter qu'un jour quelque homme d'État sera citoyen, qu'il ne changera point les choses uniquement pour faire autrement que son prédécesseur, mais pour faire en sorte qu'elles aillent mieux, qu'il n'aura point sans cesse le bonheur public à la bouche, mais qu'il l'aura un peu
10 dans le cœur. Qu'il ne rendra point les peuples malheureux pour affermir son autorité, mais qu'il fera servir son autorité à établir le bonheur des peuples. Que par un heureux hasard il jettera les yeux sur ce livre, que mes idées informes lui en feront naître de plus utiles, qu'il travaillera à rendre les hommes meilleurs ou plus heureux et que j'y aurai peut-être
15 contribué en quelque chose. Cette chimère m'a mis la plume à la main.

Jean-Jacques Rousseau, *Premiers écrits 1735-1749* :
ébauche de préface aux institutions politiques.

5 LES TYPES D'ARGUMENTS

1 LA FONCTION DES ARGUMENTS

Afin de montrer que la thèse qu'il défend est juste, l'argumentateur développe une démonstration visant à convaincre son récepteur.
Il s'appuie pour cela sur des arguments.

▶ Soulignez la thèse défendue par l'auteur.
▶ Remplissez le schéma en plaçant face à face les arguments et le thème qu'ils développent.
▶ Résumez la démarche de l'auteur.

La guerre est un fruit de la dépravation des hommes ; c'est une maladie convulsive et violente du corps politique ; il n'est en santé, c'est-à-dire dans son état naturel, que lorsqu'il jouit de la *paix* ; c'est elle qui donne de la vigueur aux empires ; elle maintient l'ordre parmi les citoyens ; elle
5 laisse aux lois la force qui leur est nécessaire ; elle favorise la population, l'agriculture et le commerce ; en un mot, elle procure au peuple le bonheur qui est le but de toute société. La guerre, au contraire, dépeuple les États ; elle y fait régner le désordre ; les lois sont forcées de se taire à la vue de la licence qu'elle introduit ; elle rend incertaines la liberté et la
10 propriété des citoyens ; elle trouble et fait négliger le commerce ; les terres deviennent incultes et abandonnées. Jamais les triomphes les plus éclatants ne peuvent dédommager une nation de la perte d'une multitude de ses membres que la guerre sacrifie. Ses victimes même lui font des plaies profondes que la *paix* seule peut guérir.

Denis Diderot, article « Paix », *Encyclopédie*, 1751-1772.

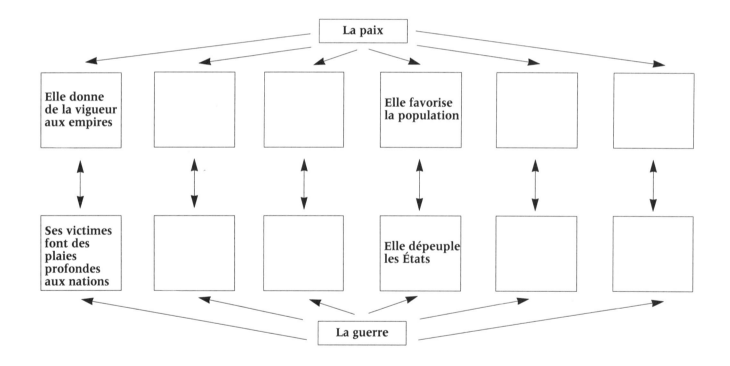

La thèse de Diderot : D'un côté, la paix ....

....

....

.... De l'autre, la guerre ....

....

....

Donc, pour Diderot, la société ....

....

2 | L'ARGUMENTATION PAR L'ANALOGIE

Elle s'appuie sur un fait réel ou fictif qui sous-entend une idée générale :
– *l'anecdote* est un court récit qui exprime de manière implicite l'opinion de l'auteur sur un sujet ;
– *l'exemple* peut servir d'argument ; il énonce un fait réel pour en faire une vérité générale.

▶ Encadrez dans le texte ci-contre l'anecdote qui sert de support à l'argumentation.
▶ Soulignez les exemples qui appuient la thèse défendue.
▶ Rédigez en une phrase la thèse que défendrait au contraire un scientifique.

Il était là, devant le tableau, et vous torturait les X et les Y, vous les mélangeait, vous les pressurait, vous les triturait, vous les superposait, vous les intervertissait, et selon qu'il leur donnait une valeur égale, supérieure ou inférieure à zéro, la courbe qu'il dessinait, je ne sais trop
5 pourquoi, montait ou descendait sur l'échelle des abscisses. C'était effroyable !

Ce vide prétentieux, ce néant stérile et compliqué a duré vingt minutes et j'ai alors pensé : « Si on laisse ce gars-là en liberté dans la nature, eh bien, la nature est foutue, et nous avec ! »
10 Je ne croyais pas si bien dire ; il est devenu ingénieur bien entendu et il s'est mis dans le crâne de concevoir de dangereuses âneries, comme ces barrages qui ont noyé je ne sais combien de villages, de maisons, de jardins, de vergers où avaient vécu cent générations de paisibles sous-développés. Sa dernière trouvaille a été l'installation sur la mer de plates-
15 formes flottantes pour perforer le fond de l'océan et y faire gicler le pétrole. Eh bien, pour gicler, on peut dire qu'il a giclé, son pétrole. Il y en a maintenant, au moment où je raconte, une grande tache grasse sur la mer du Nord et jusque sur les côtes de Norvège et je ne sais trop où ; c'est à pleine benne qu'on y ramasse les maquereaux et les dorades crevés, le
20 ventre en l'air ! Et ce n'est que le commencement !

H. Vincenot, *La Billebaude*, 1978, Éd. Denoël.

La thèse défendue : ....
....
....
La thèse adverse : ....
....
....

3 | L'ARGUMENTATION PAR LA DÉMONSTRATION

Elle s'appuie sur l'affirmation d'idées destinées à convaincre le lecteur :
– *l'assertion* est l'affirmation d'un jugement, d'une définition reposant sur des valeurs d'ordre général ou moral ;
– *l'argument d'autorité* s'appuie sur des chiffres, des faits historiques ou scientifiques, des citations, afin d'impressionner le lecteur.

▶ Soulignez en rouge les assertions de l'auteur (jugements de valeur).
▶ Soulignez en bleu les arguments d'autorité (faits démontrés).
▶ Reformulez la démonstration de l'auteur en quelques lignes.

Tous comptes faits je suis heureux d'avoir vécu durant notre étonnante époque. Que l'homme ait découvert en un demi-siècle plus des secrets de la nature que nos ancêtres en vingt mille ans, qu'il ait conquis des sources d'énergie si abondantes qu'elles le font presque trop fort, qu'il ait
5 entrepris l'exploration du cosmos et nagé dans le vide interstellaire, qu'il vole sur terre de ville en ville à trois fois la vitesse du son, qu'il construise des machines qui calculent et organisent mieux que des cerveaux, c'est à la fois intéressant et admirable. Votre génération continuera cette marche à la découverte avec une vitesse accélérée. Tout vous reste à faire.

André Maurois, *Lettre ouverte à un jeune homme*, Éd. Albin Michel.

L'argumentation d'André Maurois : ....
....
....
....
....

6 LES CONNECTEURS LOGIQUES

1 LE LIEN ENTRE DEUX IDÉES

Les connecteurs soulignent le lien logique qui articule deux mots, deux phrases ou deux paragraphes ensemble. Ce lien peut avoir différentes valeurs :
– l'addition,
– l'opposition,
– l'hypothèse,
– la cause/la conséquence,
– etc.

▶ Complétez, à l'aide de la liste jointe, les articulations logiques du texte ci-contre.
Liste : en effet, puis, ainsi, si, c'est qu'alors, si, et, alors, au contraire.
▶ Poursuivez le texte en ajoutant des exemples. N'oubliez pas les liens logiques.

Pascal nous dit qu'au point de vue des faits, le Bien et le Mal sont une question de « latitude ». [   ] tel acte humain s'appelle crime ici, bonne action, là-bas, et réciproquement, [   ] en Europe, l'on chérit, généralement, ses vieux parents ; [   ] en certaines tribus
5 de l'Amérique, on leur persuade de monter sur un arbre ; [   ] on secoue cet arbre. [   ] ils tombent, le devoir sacré de tout bon fils est, comme autrefois chez les Messéniens, de les assommer sur-le-champ à grands coups de tomahawk, pour leur épargner les soucis de la décrépitude. [   ] ils trouvent la force de se cramponner à
10 quelque branche, [   ] ils sont encore bons à la chasse ou à la pêche, [   ] on sursoit à leur immolation.

Villiers de L'Isle-Adam, *Les Demoiselles de Bienfilâtre*, 1874.

Vos exemples : ....
....
....
....

2 LA LOGIQUE DE RAISONNEMENT

▶ Le texte ci-contre est proposé dans le désordre. En vous appuyant sur la logique du discours et sur les connecteurs, reconstituez un texte cohérent. Classez les passages dans l'ordre, de 1 à 7.

A Or, chacun sait que l'on n'a jamais rien vu de pareil.

B Je suis profondément convaincu que nous sommes la seule espèce douée d'intelligence dans toute la galaxie, et, en outre, que nous sommes la seule espèce douée d'intelligence qui ait jamais existé dans cette galaxie à travers toute son histoire.

C De plus, s'il s'agissait d'êtres intelligents semblables à nous, ils auraient souhaité prendre contact avec nous, ce qui leur aurait été extrêment facile.

D Différentes raisons me mènent à cette conclusion à laquelle je parviens en tant que physicien.

E Mes arguments sont les suivants : fondamentalement, si d'autres êtres intelligents que nous avaient existé dans notre galaxie, ils auraient déjà découvert l'exploration de l'espace, ils se seraient déplacés vers notre système solaire et s'y trouveraient en grand nombre.

F Mon exemple favori est le suivant : ils auraient pu construire un gigantesque panneau portant la mention : « Buvez du Coca-Cola », étalé sur des milliers de kilomètres et le lancer autour de la Terre.

G Dans ce cas, bien entendu, nous pourrions mettre leur intelligence en doute mais, de toute façon, nous aurions appris l'existence d'une espèce intelligente, possédant une technologie, dans notre système solaire.

J. Barrow, Frank Tipler, M.-O. Monchicourt, *L'Homme et le cosmos*, Éd. Imago.

A	B	C	D	E	F	G
7						

3 LA RELATION LOGIQUE

La relation logique qui unit deux propositions peut être exprimée de manière implicite, à l'aide du contexte et du sens des phrases, ou de manière explicite, grâce à un connecteur qui souligne le lien logique qui unit les deux phrases.

▶ **Transformez les relations logiques implicites en relations logiques explicites au moyen des connecteurs suivants :**
– opposition : au contraire, toutefois, néanmoins, mais, tandis que... ;
– addition : de plus, et, en outre, d'autre part... ;
– cause : car, en effet, parce que... ;
– conséquence : ainsi, donc, c'est pourquoi, par conséquent, en conséquence...

1. La gourmandise a sur l'amour mille avantages. ...., le plus important, c'est qu'il importe d'être deux pour s'adonner à celui-ci ; .... on pratique celle-là tout seul.

Guy de Maupassant, *Amoureux et primeurs*, 1881.

2. Excepté le père de famille, un moment assoupi .... ses forces sont à bout, personne ne dort ; non, ... le froid, la faim, la maladie, tiennent les yeux ouverts, bien ouverts.

Eugène Sue, *Les Mystères de Paris*, 1842-1843.

3. De tous les spectacles auxquels j'ai assisté, le seul qui m'ait ennuyé est celui qu'on a dans les théâtres en regardant la scène. .... , les représentations de la vie m'ont toutes diverti.

Anatole France, *Le Livre de mon ami*, 1885.

4. Ce qu'il me faut, ce n'est plus du futur, ... du passé ; plus de l'espérance, ... des souvenirs. Mon âge est celui où, en Amérique, les vedettes de cinéma se suicident .... elles n'ont plus rien à attendre de la vie. Moi .... , j'ai *tout* à en attendre.

Henri de Montherlant, *Les Jeunes Filles*, 1936, Éd. Gallimard.

5. Une différence d'âge d'une seule année séparait l'un de l'autre les deux garçons, ... M. de Morembert avait fait vite et bien les choses, estimant que l'homme ne doit procréer que dans sa force, ... Louis et Jean de Morembert furent-ils de bonne constitution.

Henri de Régnier, *L'Escapade*, 1926.

4 APPLICATION

▶ **Transformez le schéma suivant en texte argumentatif.**
Respectez le rapport logique donné entre les idées en vous aidant des flèches :

+ = addition
↦ = cause
◄— = conséquence
◄—► = opposition

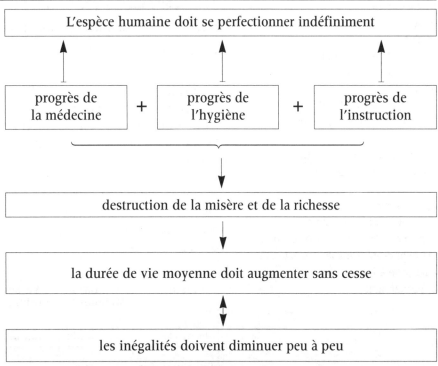

D'après Condorcet, *Esquisse d'un tableau des progrès de l'esprit humain*, 1793.

7 LES MARQUES DE L'OPINION

1 LES DEGRÉS D'OPINION

Celui qui exprime une opinion peut marquer un soutien qui va du refus à l'adhésion.

▶ **Les termes qui marquent l'opinion du critique culinaire ont été encadrés dans les premières lignes. Poursuivez la recherche de la même façon.**
Reformulez en une phrase l'opinion défendue par l'auteur.
▶ **Récrivez le texte sur une feuille ou sur votre cahier de façon à marquer l'opinion inverse. Vous pouvez vous aider du vocabulaire suivant : remarquable, bourré de charme, raffiné, bien présenté, rosé, moelleux, délicat, angélique...**

Ce restaurant était le Relais des Pyrénées. Incroyable ! Un service chaotique, un maître d'hôtel grincheux, mal élevé, autoritaire, vieux fasciste si ronchonneur qu'on l'imaginait ancien garde-chiourme ou appariteur à Nanterre à ses moments perdus. Il mit
5 pratiquement de force dans nos assiettes un foie de canard frais, insipide et sanguinolent, ce qui n'était d'ailleurs pas étonnant, puisque le foie de canard ne se mange agréablement que chaud et avec force raisins.

Puis vinrent des choses atroces, des cassolettes de langouste à
10 décourager les chats du quartier, où ils sont pourtant particulièrement nombreux et faméliques, une piperade puant l'ail, à la fois glaireuse et coagulée, et je ne sais plus quoi qui n'a de nom dans aucune langue : c'était peut-être une salade. Le vin seul était acceptable, parce que le musigny est rarement mauvais, mais c'était un musigny non millésimé,
15 épais, tassé, sans envol et avec des odeurs de pressoir. Et savez-vous que le guide Michelin dit de ce restaurant ? Il lui donne deux étoiles ! Quel fléau national !

André Fermigier, *Chroniques d'humeur*, 1991, Éd. Gallimard.

2 LES MARQUES DE L'OPINION

Ce sont les termes et expressions chargés de subjectivité qui permettent de marquer un jugement :
– péjoratifs et mélioratifs : noms qui marquent un jugement défavorable ou favorable ;
– verbes exprimant une évaluation ;
– adjectifs exprimant une évaluation ou une réaction affective ;
– interjections (hélas !) ;
– adverbes (heureusement...).

▶ **Classez les indices d'opinion relevés dans le premier texte selon la catégorie à laquelle ils appartiennent.**
▶ **Relevez dans le texte de Huysmans les indices d'opinion en les encadrant. Classez-les selon la catégorie à laquelle ils appartiennent.**

C'est le cinq-étoiles du nanar, le king-size des bas-fonds : on n'a jamais fait mieux dans le genre. Tout va mal : tourné dans deux décors branlants, avec quatre acteurs égarés et un projecteur flou, « Night of The Ghouls » est un film culte, un de ces machins hallucinants
5 qui, en 69 minutes, prouvent le total manque de talent du cinéaste. Ce n'est pas un manque, c'est un trou noir, un abîme. Croyez-moi : du jamais vu.

F.F., *Télé Obs.*, décembre 1994.

La salle carrée est occupée, de tout un côté, par un immense décor de papier peint, la *Bataille de Gründwald*. C'est le méli-mélo le plus extraordinaire que l'on puisse rêver. Cela ressemble à une chromo mal venue où les oranges se seraient mêlés aux rouges et les jaunes aux bleus.
5 Les couleurs les plus violentes et les plus criardes se succèdent, montant les unes sur les autres, mangeant les figures qui disparaissent dans cette cacophonie des tons. C'est, en résumé, un déballage de foulards crus, un tas d'étoffes et d'armes jetées à foison partout, sans ordre ; rien ne vit dans cette toile. M. Matejko crève en pure perte les vessies et les tubes des
10 couleurs chères.

J.K. Huysmans, *L'Art moderne*, 1880.

Textes	Péjoratifs Mélioratifs	Verbes évaluatifs	Adjectifs évaluatifs	Adjectifs affectifs	Opinion
Nouvel Observateur	....	....	....	....	....
J.K. Huysmans	....	....	....	....	....

3 | LES PROCÉDÉS DE L'OPINION

Des procédés de style permettent aussi à l'émetteur de marquer son opinion de manière expressive :
– l'hyperbole (figure de l'exagération) ;
– l'accumulation (suite de termes) ;
– la gradation (suite de termes de plus en plus forts) ;
– l'antithèse ;
– les images expressives (comparaison et métaphore).

▶ Sur le modèle donné, poursuivez le relevé des différents procédés.
▶ Cochez les bonnes propositions.

Les tableaux n'ont été accrochés que sur deux rangs, ce qui fait qu'ils sont tous bien placés ; seulement, cela a doublé le nombre des salles, qui sont au nombre considérable de vingt-quatre. Vous ne sauriez croire quel [effroyable voyage] offre [le simple parcours] de ces vingt-quatre salles de peinture. Cela est long comme de Paris en Amérique. Il faut emporter des vivres, et l'on arrive brisé, ahuri, aveuglé. Des tableaux, toujours des tableaux ; un kilomètre de taches violentes, des bleus, des rouges, des jaunes, criant entre eux, hurlant la cacophonie la plus abominable du monde. Rien n'est plus horrible comme ces œuvres ainsi jetées à la pelle, sous une lumière crue, devant lesquelles on défile sans un souffle d'air, la sueur au front. Les dames n'en font pas moins des mines coquettes, en agitant leurs éventails.

Émile Zola, *Lettres de Paris*, 1882.

Par l'utilisation de ces procédés, Émile Zola veut exprimer son engouement pour l'exposition ☐ ; se moquer avec légèreté ☐ ; tourner en ridicule l'exposition ☐ . Il pratique ainsi : l'ironie ☐ ; la caricature ☐ ; la mise en valeur ☐ .

4 | APPLICATION

▶ Relevez les marques de l'opinion en utilisant les indications données par la légende :
— = mélioratifs ;
----- = péjoratifs ;
-o-o- = adjectifs exprimant une évaluation ou une réaction affective ;
[…] = verbes exprimant une évaluation.
▶ Reportez les illustrations de ces marques de l'opinion dans la grille d'analyse. Notez dans la dernière colonne les intentions de l'auteur correspondant à chaque indice d'opinion.
▶ Sur une feuille ou sur votre cahier, reprenez l'ensemble de votre analyse et poursuivez le paragraphe de commentaire.

Le caractère de la nation nous a paru être doux et bienfaisant. Il ne semble pas qu'il y ait dans l'île aucune guerre civile, aucune haine particulière, quoique le pays soit divisé en petits cantons qui ont chacun leur seigneur indépendant. Il est probable que les Tahitiens pratiquent entre eux une bonne foi dont ils ne doutent point. […]
J'ai dit plus haut que les habitants de Tahiti nous avaient paru vivre dans un bonheur digne d'envie. Nous les avions crus presque égaux entre eux, ou du moins jouissant d'une liberté qui n'était soumise qu'aux lois établies pour le bonheur de tous. Je me trompais, la distinction des rangs est fort marquée à Tahiti, et la disproportion cruelle. Les rois et les grands ont droit de vie et de mort sur leurs esclaves et valets.

Bougainville, *Voyage autour du monde*, 1772.

Indices	Définition/Type	Signification
....	....	....

Dans la relation de son *Voyage autour du monde*, Bougainville décrit des peuples et des comportements que les Européens méconnaissent. Ainsi, à propos de Tahiti ....

8 L'IMPLICITE, LE PRÉSUPPOSÉ ET LE SOUS-ENTENDU

1 L'IMPLICITE

Créer un lien de connivence, influencer, imposer un message... toute situation de communication s'inscrit dans un contexte qui établit des rapports particuliers entre des interlocuteurs. Ces rapports peuvent être interprétés à partir de certains indices d'énonciation : le niveau de langue, le tutoiement, l'injonction... C'est l'implicite.

▶ **Les indices qui permettent de caractériser l'implicite de situation figurent dans le texte. Complétez la grille de façon à définir l'implicite de situation.**

LA DAME EN VIOLET, *avec emphase*. – Vous devez bien être étonné, docteur, de me voir ici.

KNOCK. – Un peu étonné, madame.

LA DAME. – Qu'une dame Pons, née demoiselle Lempoumas, vienne à une
5 consultation gratuite, c'est en effet assez extraordinaire.

KNOCK. – C'est surtout flatteur pour moi.

LA DAME. – Vous vous dites peut-être que c'est là un des jolis résultats du gâchis actuel, et que, tandis qu'une quantité de malotrus et de marchands de cochons roulent carrosse et sablent le champagne avec des actrices, une
10 demoiselle Lempoumas, dont la famille remonte sans interruption jusqu'au XIIIᵉ siècle et a possédé jadis la moitié du pays, et qui a des alliances avec toute la noblesse et la haute bourgeoisie du département, en est réduite à faire la queue, avec les pauvres et les pauvresses de Saint-Maurice ? Avouez, docteur, qu'on a vu mieux.

15 KNOCK, *la fait asseoir*. – Hélas oui, madame.

LA DAME. – Je ne vous dirai pas que mes revenus soient restés ce qu'ils étaient autrefois, ni que j'ai conservé la maisonnée de six domestiques et l'écurie de quatre chevaux qui étaient de règle dans la famille jusqu'à la mort de mon oncle.

Jules Romains, *Knock*, 1924, Éd. Gallimard.

Relation

	d'égal à égal	de médecin à patient	de force	perturbée : une seule personne s'exprime
Cocher les bonnes propositions	....	....	....	....
Indices	....	....	....	....

2 LE PRÉSUPPOSÉ

Le présupposé peut se définir comme ce qui est supposé au préalable. Ce sont donc des connaissances que celui qui écrit suppose communes à son lecteur et à lui-même. On peut repérer le présupposé grâce à des indices lexicaux (verbe, adverbe, nom, adjectif). Exemple : à la ligne 11 du texte de l'exercice 1, « a possédé jadis » présuppose que la famille était une des plus puissantes du pays autrefois mais qu'aujourd'hui elle a presque tout perdu.

▶ **Poursuivez le relevé des présupposés en les encadrant dans le texte ci-contre.**
▶ **Indiquez pour chacun d'eux ce qu'il suggère.**

Arte est une chaîne nécessaire, capitale, impérative : la chaîne de la dernière chance . Mais la voilà déjà frappée d'inutilité.

Voici enfin , dès 19 h 30 ou 20 h 40, la redécouverte d'un rythme lent, sans esthétique clipparde. Voici l'Histoire sans Castelot, des spectacles
5 sans paillettes, de la musique sans bastringue, de l'excellent cinéma en version originale, de l'information sans présentateur perdant la boule sous les vivats ; le tout exempt de cette pub qui entrelarde, dégrade et finit par tout dicter.

Certains jours – singulièrement le samedi –, la chaîne franco-allemande
10 propose la seule échappée possible dans un Paf se vautrant dans la médiocrité bienheureuse.

Antoine Perraud, *Télérama*, nᵒ 2249, 17 février 1993.

La dernière chance : ....

déjà : ....

enfin : ....

3 | LE SOUS-ENTENDU

Le sous-entendu est une idée qui n'apparaît pas dans un énoncé mais qui peut être rétablie par une sorte de raisonnement qui se rapproche souvent du syllogisme (deux propositions sont données, le récepteur doit rechercher la troisième qui n'est pas exprimée).

▶ **Reconstituez le sous-entendu présent dans chacun des messages publicitaires ci-contre. Expliquez à chaque fois quel est le sens créé.**

Être mince c'est rester jeune.
Sels amaigrissants Clarks.

....

Pas de séduction sans sourire.
Pas de sourire sans jolies dents.
Pas de jolies dents sans savon Kenott.

....

La voiture de demain, celle qui mène à l'aventure, à l'audace. La voiture des vainqueurs.

....

Le fromage blanc de campagne de La Laitière. Ce qui est nouveau, c'est qu'il est comme autrefois.

....

Carte bleue Visa. Elle parle toutes les langues.

....

Après-rasage mousse hypoallergénique à l'anthémis. Demandez à votre peau, elle vous expliquera.

....

4 | APPLICATION

▶ **Relevez en les encadrant les indices d'énonciation.**
▶ **Soulignez les présupposés.**
▶ **Entourez au moins un sous-entendu.**
▶ **Reprenez l'ensemble de votre recherche afin d'expliquer dans un paragraphe rédigé le rôle joué par l'implicite, le présupposé et le sous-entendu dans la lettre envoyée par Rica à Rhédi.**

Quelquefois, les coiffures montent insensiblement, et une révolution les fait descendre tout à coup. Il a été un temps que leur hauteur immense mettait le visage d'une femme au milieu d'elle-même. Dans un autre, c'étaient les pieds qui occupaient cette place : les talons faisaient un
5 piédestal qui les tenait en l'air. Qui pourrait le croire ? Les architectes ont été souvent obligés de hausser, de baisser et d'élargir leurs portes, selon que les parures des femmes exigeaient d'eux ce changement, et les règles de leur art ont été asservies à ces caprices. On voit quelquefois sur un visage une quantité prodigieuse de mouches, et elles disparaissent toutes
10 le lendemain. Autrefois, les femmes avaient de la taille et des dents ; aujourd'hui, il n'en est pas question. Dans cette changeante nation, quoi qu'en disent les mauvais plaisants, les filles se trouvent autrement faites que leurs mères.

Il en est des manières et de la façon de vivre comme des modes : les
15 Français changent de mœurs selon l'âge de leur roi. Le monarque pourrait même parvenir à rendre la nation grave, s'il l'avait entrepris. Le Prince imprime le caractère de son esprit à la Cour ; la Cour, à la Ville ; la Ville, aux provinces. L'âme du souverain est un moule qui donne la forme à toutes les autres.

Montesquieu, *Lettres persanes*, 1721.

9 LES PROCÉDÉS DE PERSUASION

1 L'IMPLICATION DU DESTINATAIRE

Pour mieux persuader, on peut chercher à impliquer le destinataire :
– question, interrogation oratoire (question qui contient implicitement la réponse) ;
– impératif ;
– emploi de la deuxième personne ;
– interjections ;
– appel aux sentiments du destinataire.

▶ Soulignez dans le texte de Stendhal des illustrations des procédés cités ci-dessus pour impliquer le destinataire.
▶ Complétez la grille en cochant les procédés relevés et en donnant un exemple à chaque fois.

« Je ne paraîtrai point le jour du jugement, Monsieur, parce que ma présence pourrait jeter de la défaveur sur la cause de M. Sorel. Je ne désire qu'une chose au monde et avec passion, c'est qu'il soit sauvé. N'en doutez point, l'affreuse idée qu'à cause de moi un innocent a été conduit à la mort ⁵ empoisonnerait le reste de ma vie et sans doute l'abrègerait. Comment pourriez-vous le condamner à mort, tandis que moi, je vis ? Non, sans doute, la société n'a point de droit d'arracher la vie, et surtout à être tel que Julien Sorel. Tout le monde, à Verrières, lui a connu des moments d'égarement. Ce pauvre jeune homme a des ennemis puissants ; mais, ¹⁰ même parmi ses ennemis (et combien n'en a-t-il pas !) quel est celui qui met en doute ses admirables talents et sa science profonde ? »

Stendhal, *Le Rouge et le Noir*, 1830.

	Interrogation oratoire, question	Impératif	2ᵉ personne	Interjection	Fonction émotive
(Cocher si présence du procédé)	....	....	....	....	....
Exemple	....	....	....	....	....
	....	....	....	....	....
	....	....	....	....	....

2 LES PROCÉDÉS D'AMPLIFICATION

Amplifier c'est développer, rendre plus intense. On peut trouver différents procédés :
– l'hyperbole : exagération consistant à substituer au terme attendu un autre terme plus fort ;
– la répétition ;
– l'anaphore : répétition d'un ou plusieurs mots en début de phrase ;
– l'accumulation : suite de mots ;
– la gradation : suite de mots de plus en plus forts.

▶ Les procédés d'exagération ont été relevés dans les premières lignes du texte. Définissez-les.
▶ Poursuivez le repérage des procédés d'amplification dans la suite du texte. Expliquez en quelques lignes quelles sont leurs fonctions.

Misérables médecins des âmes, vous criez pendant ⎡cinq quarts⎤ ⎣d'heure⎦ sur quelques piqûres d'épingle, et vous ne dites rien sur la maladie qui nous déchire en ⎡mille morceaux⎤ ! Philosophes moralistes, brûlez tous vos livres. Tant que le caprice de quelques hommes fera ⁵ loyalement égorger des milliers de nos frères, la partie du genre humain consacrée à l'héroïsme sera ce qu'il y a de plus affreux dans la nature entière.

Que deviennent et que m'importent l'humanité, la bienfaisance, la modestie, la tempérance, la douceur, la sagesse, la piété, tandis qu'une ¹⁰ demi-livre de plomb tirée de six cents pas me fracasse le corps, et que je meurs à vingt ans dans des tourments inexprimables, au milieu de cinq ou six mille mourants, tandis que mes yeux, qui s'ouvrent pour la dernière fois, voient la ville où je suis né détruite par le fer et par la flamme, et que les derniers sons qu'entendent mes oreilles sont les cris ¹⁵ des femmes et des enfants expirants sous des ruines, le tout pour des prétendus intérêts d'un homme que nous ne connaissons pas ?

Voltaire, article « Guerre », *Dictionnaire philosophique portatif*, 1764.

Votre réponse : ....
....
....
....
....

3 APPLICATION

Victor Hugo s'adresse à la communauté des habitants de Guernesey afin de les persuader d'empêcher l'exécution d'un homme.

▶ **Entourez dans le texte tout ce qui contribue à l'implication du destinataire.**
▶ **Relevez les procédés d'amplification : gradation, hyperbole, anaphore.**
▶ **Victor Hugo exploite un autre procédé rhétorique afin de persuader les Guernesiais : l'image forte (personnification de la mort). Soulignez en rouge ce procédé.**
▶ **Complétez la grille d'analyse.**

Guernesiais, écoutez ceci :

Il y a une divinité horrible, tragique, exécrable, païenne. Cette divinité s'appelait Moloch chez les Hébreux et Teutatès chez les Celtes ; elle s'appelle à présent la peine de mort. Elle avait autrefois pour pontife, dans
5 l'Orient, le mage, et, dans l'Occident, le druide ; son prêtre aujourd'hui, c'est le bourreau. Le meurtre légal a remplacé le meurtre sacré. Jadis elle a rempli votre île de sacrifices humains, et elle en a laissé partout les monuments, toutes ces pierres lugubres où la rouille des siècles a effacé la rouille du sang, qu'on rencontre à demi ensevelies dans l'herbe au
10 sommet de vos collines et sur lesquelles la ronce siffle au vent du soir. Aujourd'hui, en cette année dont elle épouvante l'aurore, l'idole monstrueuse reparaît parmi vous ; elle vous somme de lui obéir ; elle vous convoque à jour fixe, pour la célébration de son mystère, et, comme autrefois, elle réclame de vous, de vous qui avez lu l'Évangile, de vous qui
15 avez l'œil fixé sur le calvaire, elle réclame un sacrifice humain ! Lui obéirez-vous ? Redeviendrez-vous païens le 27 janvier 1854 pendant deux heures ? païens pour tuer un homme ! païens pour perdre une âme ! païens pour mutiler la destinée du criminel en lui retranchant le temps du repentir ! Ferez-vous cela ? Serait-ce là le progrès ?

Victor Hugo, *Aux habitants de Guernesey*, 1854.

Figure	Définition	Effet de	Exemples
Injonction	utilisation de l'impératif	....	....
Interrogation oratoire	....	....	....
Répétition	....	....	....
Gradation	....	....	....
Hyperbole	....	....	....
Anaphore	....	....	....
Personnification	....	....	....

10 LE RAISONNEMENT CAUSAL

1 LE RAISONNEMENT INDUCTIF

Le raisonnement par induction s'appuie sur une situation particulière pour en établir la cause. Il en tire ensuite une règle générale.

Situation particulière → Thèse

▶ Repérez les trois étapes du texte ci-contre.
▶ Soulignez en rouge les exemples choisis par l'auteur pour chaque étape ; en bleu, la règle que chacun illustre.
▶ Encadrez la cause qui appuie chacun des exemples.
▶ Résumez en une phrase la thèse défendue par Fontenelle.

Je ne laisse pas de trouver qu'il serait bien étrange que la Terre fût aussi habitée qu'elle l'est, et que les autres planètes ne le fussent point du tout : car ne croyez pas que nous voyions tout ce qui habite la Terre ; il y a autant d'espèces d'animaux invisibles que de visibles. Nous voyons depuis
5 l'éléphant jusqu'au ciron*, là finit notre vue ; mais au ciron commence une multitude infinie d'animaux que nos yeux ne sauraient apercevoir sans secours.

Beaucoup de corps qui paraissent solides ne sont presque que des amas de ces animaux imperceptibles, qui y trouvent pour leurs mouvements
10 autant de liberté qu'il leur en faut. Une feuille d'arbre est un petit monde habité par des vermisseaux invisibles, à qui elle paraît d'une étendue immense, qui y connaissent des montagnes et des abîmes, et qui d'un côté de la feuille à l'autre n'ont pas plus de communication avec les autres vermisseaux qui y vivent, que nous avec nos antipodes. Enfin, tout est
15 vivant, tout est animé ; mettez toutes ces espèces d'animaux nouvellement découvertes avec celles que l'on a toujours vues, vous trouverez assurément que la Terre est bien peuplée, et que la nature y a si libéralement répandu les animaux, qu'elle ne s'est pas mise en peine que l'on en vît seulement la moitié. Croirez-vous qu'après qu'elle a poussé ici sa
20 fécondité jusqu'à l'excès, elle a été pour toutes les autres planètes d'une stérilité à n'y rien produire de vivant ?

Fontenelle, *Entretiens sur la pluralité des mondes*, 1686.

ciron : animal microscopique.

La thèse de Fontenelle : ....
....

2 LE RAISONNEMENT DÉDUCTIF

Le raisonnement par déduction s'appuie sur une idée générale pour éclairer une situation particulière.

Thèse → Situation particulière

▶ Repérez les deux étapes du texte ci-contre.
▶ Soulignez en rouge les règles générales énoncées ; en bleu, les situations particulières qu'elles éclairent.
▶ Résumez en une phrase la thèse défendue par Buffon.

Dans l'espèce humaine l'influence du climat ne se marque que par des variétés assez légères, parce que cette espèce est une, et qu'elle est très distinctement séparée de toutes les autres espèces ; l'homme, blanc en Europe, noir en Afrique, jaune en Asie, et rouge en Amérique, n'est que
5 le même homme teint de la couleur du climat : comme il est fait pour régner sur la Terre, que le globe entier est son domaine, il semble que la nature se soit prêtée à toutes les situations ; sous les feux du midi, dans les glaces du nord il vit, il multiplie, il se trouve partout si anciennement répandu, qu'il ne paraît affecter aucun climat particulier.
10 Dans les animaux au contraire, l'influence du climat est plus forte et se marque par des caractères plus sensibles, parce que les espèces sont diverses et que leur nature est infiniment moins perfectionnée, moins étendue que celle de l'homme. Non seulement les variétés dans chaque espèce sont plus nombreuses et plus marquées que dans l'espèce
15 humaine, mais les différences même des espèces semblent dépendre des différents climats ; les unes ne peuvent se propager que dans les pays chauds, les autres ne peuvent subsister que dans les climats froids ; le lion n'a jamais habité les régions du nord, le renne ne s'est jamais trouvé dans les contrées du midi...

Buffon, *Histoire naturelle*, 1761.

La thèse de Buffon : ....
....

3 — L'EXPRESSION DE LA CAUSE ET DE LA CONSÉQUENCE

Le raisonnement causal unit les idées entre elles en établissant une chaîne de liens logiques :

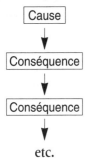

Chaque conséquence peut devenir la cause d'une nouvelle constatation.

▶ Repérez dans la parodie de raisonnement logique ci-contre les connecteurs logiques sur lesquels s'appuie le raisonnement du philosophe ; indiquez en marge du texte s'ils expriment la cause ou la conséquence.

▶ Récrivez le discours de Pangloss en rétablissant un raisonnement conforme à la logique.

Pangloss enseignait la métaphysicothéologo-cosmolonigologie. Il prouvait admirablement qu'il n'y a point d'effet sans cause, et que, dans ce meilleur des mondes possibles, le château de monseigneur le baron était le plus beau des châteaux et madame la meilleure des baronnes
5 possibles.

« Il est démontré, disait-il, que les choses ne peuvent être autrement ; car tout étant fait pour une fin, tout est nécessairement pour la meilleure fin. Remarquez bien que les nez ont été faits pour porter des lunettes : aussi avons-nous des lunettes. Les jambes sont visiblement instituées
10 pour être chaussées, et nous avons des chausses. Les pierres ont été formées pour être taillées et pour en faire des châteaux ; aussi monseigneur a un très beau château ; le plus grand baron de la province doit être le mieux logé ; et les cochons étant faits pour être mangés, nous mangeons du porc toute l'année : par conséquent, ceux qui ont avancé que
15 tout est bien ont dit une sottise ; il fallait dire que tout est mieux. »

Voltaire, *Candide*, 1759.

Un jour, un nouveau philosophe arriva au château. Il démontra qu'il n'y avait point d'effets sans cause : « Nous portons, dit-il, les lunettes sur le nez car c'est là l'endroit le mieux approprié pour les poser ; de même .....

....

....

....

....

....

....

....

....

....

....

4 — APPLICATION

▶ Construisez deux paragraphes, l'un déductif, l'autre inductif, démontrant la thèse suivante : « Dans un État démocratique, chaque citoyen possède les mêmes droits. » Utilisez les connecteurs logiques appropriés.

Votre paragraphe déductif : ....

....

....

....

....

Votre paragraphe inductif : ....

....

....

....

....

11 LE RAISONNEMENT PAR ANALOGIE

1 LES TERMES D'ARTICULATION LOGIQUE

Pour organiser les idées selon un raisonnement analogique, on utilise des termes d'articulation : de même, de la même manière que, ainsi que, comme, comme si, d'autant plus que, d'autant moins que...

▶ Dans le texte ci-contre, les termes d'articulation logique ne sont guère exploités. Les termes de la comparaison sont tous entre parenthèses. Récrivez le texte de façon à mieux marquer l'analogie au moyen de termes de liaison appropriés.

Pour vous exposer l'intérêt du moteur 16 soupapes de la Carina II, nous avons donné la parole à Mr Gallont, spécialiste du système respiratoire. Mr Gallont enseigne à ses étudiants la physiologie du système respiratoire ; il va vous expliquer pourquoi le fonctionnement de ce dernier est proche de celui d'un moteur : « L'oxygène (carburant) doit être fourni en quantité convenable à toutes les cellules de l'organisme pour leurs besoins métaboliques. Il en résulte des déchets (en particulier le gaz carbonique) qui doivent être éliminés ; les poumons (moteur) réalisent ces fonctions. Ils adaptent en permanence ces échanges gazeux aux besoins de l'organisme. Si vous fumez vous altérez la barrière alvéolocapillaire (700 millions d'alvéoles), vous diminuez votre surface respiratoire (200 m²) et l'efficacité des échanges gazeux ».

Source : Toyota, Agence Australie.

Mr Gallont va vous expliquer pourquoi le fonctionnement de ce dernier est proche de celui d'un moteur : ....

....

....

....

....

....

2 LE RAISONNEMENT ANALOGIQUE

Le raisonnement analogique est une relation de similitude établie entre des éléments appartenant à différents univers.

▶ Encadrez dans le discours l'idée que l'auteur veut transmettre.
▶ Entourez en rouge tous les outils de liaison qui marquent l'analogie.
▶ Reformulez en une phrase le raisonnement de l'auteur.

– Il me reste à prouver qu'il y a des mondes infinis dans un monde infini. Représentez-vous donc l'univers comme un grand animal ; que les étoiles qui sont des mondes sont dans ce grand animal comme d'autres grands animaux qui servent réciproquement de mondes à d'autres peuples, tels que nous, nos chevaux, etc., et que nous, à notre tour, sommes aussi des mondes à l'égard de certains animaux encore plus petits sans comparaison que nous, comme sont certains vers, des poux, des cirons* ; que ceux-ci sont la Terre, d'autres plus imperceptibles ; qu'ainsi de même que nous paraissons chacun en particulier un grand monde à ce petit peuple, peut-être que notre chair, notre sang, nos esprits, ne sont autre chose qu'une tissure de petits animaux qui s'entretiennent, nous prêtent mouvement par le leur, et se laissant aveuglément conduire à notre volonté qui leur sert de cocher, nous conduisent nous-mêmes, et produisent tous ensemble cette action que nous appelons la Vie.

Cyrano de Bergerac, *L'Autre Monde*, 1657.

_____

ciron : animal microscopique.

Votre reformulation ....

....

....

....

....

3   APPLICATION

▶ Encadrez dans le texte l'objet de la démonstration du philosophe.
▶ Soulignez de deux couleurs différentes les éléments qui composent les deux univers mis en relation par le raisonnement analogique.
▶ Complétez le paragraphe de commentaire en suivant les pistes indiquées.

Ces gens de la Lune, reprit-elle, on ne les connaîtra jamais, cela est désespérant. – Si je vous répondais sérieusement, répliquai-je, qu'on ne sait ce qui arrivera, vous vous moqueriez de moi, et je le mériterais sans doute. Cependant je me défendrais assez bien, si je le voulais. J'ai une
5 pensée très ridicule, qui a un air de vraisemblance qui me surprend ; je ne sais où elle peut l'avoir pris, étant aussi impertinente qu'elle est. Je gage que je vais vous réduire à avouer, contre toute raison, qu'il pourra y avoir un jour du commerce entre la Terre et la Lune. Remettez-vous dans l'esprit l'état où était l'Amérique avant qu'elle eût été découverte par Christophe
10 Colomb. Ses habitants vivaient dans une ignorance extrême. Loin de connaître les sciences, ils ne connaissaient pas les arts les plus simples et les plus nécessaires. Ils allaient nus, ils n'avaient point d'autres armes que l'arc ; ils n'avaient jamais conçu que des hommes pussent être portés par des animaux ; ils regardaient la mer comme un grand espace défendu aux
15 hommes, qui se joignait au ciel, et au-delà duquel il n'y avait rien… Cependant voilà un beau jour le spectacle du monde le plus étrange et le moins attendu qui se présente à eux. De grands corps énormes qui paraissent avoir des ailes blanches, qui volent sur la mer, qui vomissent le feu de toutes parts, et qui viennent jeter sur le rivage des gens inconnus,
20 tout écaillés de fer, disposant comme ils veulent des monstres qui courent sous eux, et tenant en leur main des foudres dont ils terrassent tout ce qui leur résiste. D'où sont-ils venus ? Qui a pu les amener par dessus les mers ? Qui a mis le feu en leur disposition ? Sont-ce les enfants du Soleil ? Car assurément ce ne sont pas des hommes. Je ne sais, Madame,
25 si vous entrez comme moi dans la surprise des Américains ; mais jamais il ne peut y en avoir eu une pareille dans le monde. Après cela, je ne veux plus jurer qu'il ne puisse y avoir commerce quelque jour entre la Lune et la Terre.

Fontenelle, *Entretiens sur la pluralité des mondes*, 1686.

Présentez la thèse du philosophe. Citez-la et expliquez. ....
....
....
....
....

Présentez l'analogie : en quoi consiste-t-elle ? Illustrez d'un exemple.
....
....
....
....

Présentez la conclusion logique de la démonstration. ....
....
....
....
....

12 LA CONFRONTATION DES IDÉES

1 L'ÉCHANGE DE POINTS DE VUE

L'échange ou la confrontation de points de vue différents permet aux interlocuteurs d'exposer leurs valeurs respectives, chacun tentant de démontrer la justesse de son raisonnement.

▶ Repérez dans ce faux dialogue les points de vue des deux interlocuteurs fictifs. Soulignez en rouge les arguments du comte, en bleu ceux de « l'aimable de la Cour ».

▶ Complétez le tableau afin de comparer les thèses en présence.

SCÈNE PREMIÈRE

LE COMTE, *seul, en grand manteau brun et chapeau rabattu. Il tire sa montre en se promenant.* – Le jour est moins avancé que je ne croyais. L'heure à laquelle elle a coutume de se montrer derrière sa jalousie est encore éloignée. N'importe ; il vaut mieux arriver trop tôt que de manquer l'instant de la
5 voir. Si quelque aimable de la Cour pouvait me deviner à cent lieues de Madrid, arrêté tous les matins sous les fenêtres d'une femme à qui je n'ai jamais parlé, il me prendrait pour un Espagnol du temps d'Isabelle. – Pourquoi non ? Chacun court après le bonheur. Il est pour moi dans le cœur de Rosine. – Mais quoi ! suivre une femme à Séville, quand Madrid
10 et la Cour offrent de toutes parts des plaisirs si faciles ? – Et c'est cela même que je fuis. Je suis las des conquêtes que l'intérêt, la convenance ou la vanité nous présentent sans cesse. Il est si doux d'être aimé pour soi-même, et si je pouvais m'assurer sous ce déguisement... Au diable l'importun !

Pierre-Augustin Caron de Beaumarchais, *Le Barbier de Séville*, 1775.

Les interlocuteurs fictifs	Le Comte	Un aimable de Cour
Le thème du débat	....	....
Les thèses défendues	....	....
Les valeurs opposées	....	....

2 LA RÉFUTATION

L'exposé argumentatif peut avoir pour objectif la réfutation de la thèse adverse. Il se présente généralement en trois étapes :
– la présentation de la thèse adverse ;
– l'exposé des contre-arguments ;
– la dévalorisation de l'adversaire.

▶ Repérez ces trois étapes dans le texte ci-contre.
▶ Soulignez en bleu les contre-arguments avancés par l'auteur.
▶ Soulignez en rouge le vocabulaire dévalorisant la thèse adverse.
▶ Sur une feuille ou sur votre cahier, présentez une synthèse résumant la démarche de l'auteur. Appuyez votre rédaction sur des exemples extraits du texte.

Il est périodiquement question d'introduire un nouveau signe de ponctuation : le point d'ironie.

Faut-il vous dire que je suis contre ?

Le point d'ironie, c'est comme les rires pré-enregistrés : ça flanque tout
5 par terre. L'humour doit être imperturbable. C'est justement parce que le cocasse est celé et que le lecteur le découvre tout seul que l'ironie jaillit. L'ironie, l'humour, appelle ça comme tu voudras, est une connivence entre l'auteur et le lecteur, un clin d'œil à peine esquissé, pas un coup de cymbales. Placer un point d'ironie serait afficher en grosses lettres « Ici, il
10 faut rire ! ».

Mais il y a ceux qui ne comprennent pas tout seuls, qui ne voient pas le vice ! Faut-il donc les abandonner à leur isolement ?

Ma foi, oui. De toute façon, si eux rient grâce à la signalisation, c'est nous qui ne rirons plus. Car, en l'expliquant, on aura tué l'humour. Alors,
15 tant pis pour eux. Qu'ils lisent des rigolades à leur portée.

Pendant qu'on y est, pourquoi pas aussi un point de compassion, un point de détresse, un point de mécontentement, un point de mépris, un point d'incompréhension, un point d'accélération, un point de ralentissement, un point de hurlement, un point de murmure, un point de
20 lassitude, un point d'aparté, un point de cantonade, un point de bredouillis... ? Si l'on tient absolument à prévenir le lecteur que le personnage a mis de l'ironie dans ses paroles, disons-le : « ... dit-il non sans ironie » (ou « avec ironie », ou « ironiquement », ou...).

Cavanna, *Mignonne, allons voir si la rose...*, 1989.

3   L'ATTAQUE

L'attaque a pour objectif de dévaloriser celui qu'on prend pour cible. Elle utilise pour cela divers procédés visant à dévaloriser l'adversaire.

▶ **Soulignez en rouge les traits de caractère que l'auteur prête à Diderot.**
▶ **Soulignez en bleu les adjectifs utilisés pour dévaloriser l'adversaire.**
▶ **Encadrez les images désignant le philosophe.**
▶ **Complétez le tableau et l'analyse.**

Personne, personne au fond, n'avait lu et ne connaissait Diderot dans son intégralité, effrayante et assommante. Cet homme qui bavardait ses livres bien plus qu'il ne les écrivait, cet esprit exubérant qui lâchait toujours tout, en style de ballon, – et au fait ses livres gonflés et tendus
5 étaient des ballons, – crevés à présent presque tous, – ne se lisait pas lui-même. À l'Encyclopédie, dont il fut le plus laborieux contremaître, on ne se gênait pas avec lui, cet étourdi fougueux qui pouvait perdre l'entreprise par ses éclats d'opinion, quand il n'était pas travaillé par la peur verte de la police et de la Bastille, car il ne faut pas oublier qu'il était poltron
10 comme Sosie*, ce déclamateur* ! À l'Encyclopédie, on revoyait ses articles, on les corrigeait, on en supprimait des morceaux entiers, et il ne s'en aperçut jamais ! Il pensait comme nous, il ne se relisait pas !!! Bah ! c'était plus inspiré ! Les écrits sortaient de ses mains comme les feuilles dispersées sortaient de l'antre* de la Sibylle*, et il pouvait dire en
15 pirouettant sur son trépied.

Le moment où je parle est déjà loin de moi !

C'était rigoureusement exact. Sa plume, rapide comme sa parole, ne laissait pas plus de trace que des mots évanouis !

Eh bien ! franchement la gloire d'un homme doit coûter un peu plus
20 cher que ça.

Et voilà, quand je pense à Diderot, ce qui me fait trouver de l'impertinence dans sa gloire.

Jules Barbey d'Aurevilly, *Goethe et Diderot*, 1880.

Sosie : nom de l'esclave d'Amphytrion.

déclamateur : orateur emphatique.

antre : habitation d'une personne un peu sauvage.

Sybille : femme qui avait le don de prédire l'avenir.

Traits de caractère	Adjectifs dévalorisants	Images
....	....	....
....	....	....
....	....	....
....	....	....
....	....	....
....	....	....

Votre analyse : Dans son article *Goethe et Diderot*, paru en 1880, Jules Barbey d'Aurevilly attaque violemment le philosophe des Lumières. Pour cela, ...
....
....
....
....
....

13 L'IRONIE

1 L'ANTIPHRASE

L'antiphrase est un procédé qui consiste à dire le contraire de ce que l'on veut faire comprendre au lecteur. C'est, en général, le contexte qui permet de comprendre l'intention ironique.

▶ **Dans les exemples suivants, soulignez l'antiphrase. Indiquez ensuite quelle est la signification sous-entendue.**

1. D'un œil courroucé, elle regarda les résultats de notre empoignade : « Ah ! c'est du joli ! », s'exclama-t-elle en cherchant la trousse à pharmacie.

Signification : ....

2. « Ne te presse surtout pas, tu pourrais arriver en avance ! » Et en effet, il me restait à peine cinq minutes pour attraper l'autobus.

Signification : ....

3. Ces vacances furent merveilleuses : après avoir goûté aux joies de la noyade, il connut l'extase de l'insolation.

Signification : ....

4. Devant ces nappes de pétrole qui, inlassablement, rongeaient les côtes bretonnes, il se disait que l'automobile était vraiment une belle invention.

Signification : ....

2 LA PÉRIPHRASE, LE RAPPROCHEMENT

L'ironie utilise plusieurs procédés :
– l'antiphrase qui consiste à dire le contraire de ce que l'on veut faire comprendre ;
– la périphrase satirique qui consiste à remplacer un mot précis par une expression équivalente, mais dévalorisante ;
– le rapprochement de mots et de situations qui appartiennent à des domaines tout à fait différents.

▶ **Poursuivez la recherche dans le texte de Voltaire :**
– antiphrase,
– périphrase satirique,
– rapprochement.
▶ **Quel est l'effet produit par l'utilisation de ces procédés ? Commentez-le en quelques phrases.**

Le merveilleux de cette entreprise infernale, c'est que chaque chef des meurtriers fait bénir ses drapeaux et invoque Dieu solennellement avant d'aller exterminer son prochain. Si un chef n'a eu que le bonheur de faire égorger deux ou trois mille hommes, il n'en remercie point Dieu ; mais
5 lorsqu'il y en a eu environ dix mille d'exterminés par le feu et par le fer, et que, pour comble de grâce, quelque ville a été détruite de fond en comble, alors on chante à quatre parties une chanson assez longue, composée dans une langue inconnue à tous ceux qui ont combattu, et de plus toute farcie de barbarismes. La même chanson sert pour les mariages
10 et pour les naissances, ainsi que pour les meurtres : ce qui n'est pas pardonnable, surtout dans la nation la plus renommée pour les chansons nouvelles.

Voltaire, *Dictionnaire philosophique*, 1764.

L'effet produit : ....

....

....

....

....

....

....

....

....

....

3 | APPLICATION

▶ Dans le texte de Jean-Louis Ezine, relevez en les soulignant les différents thèmes abordés par cette argumentation ironique.

▶ Relevez pour chacun d'eux un procédé de l'ironie.

▶ Complétez le commentaire en justifiant les effets produits par des exemples : attaques d'une réalité absurde, déstabilisation du lecteur, nouvelle vision de la réalité.

Il est certain que la RATP fonctionnerait bien mieux sans les usagers, qui encombrent les quais, les couloirs et les voitures, qui mettent en danger la sécurité des conducteurs de rames et obligent l'administration à payer un grand nombre de fonctionnaires, déambulant par trois et appelés

5 contrôleurs, chargés de trier cette introuvable population. On connaît bien le tagger fou, le voleur à la tire, le clochard, le marchand à la sauvette, le resquilleur. Des collègues les ont définis, des sociologues les ont approchés. Mais l'usager ? L'usager est l'inconnu du métropolitain.

À quoi servent les usagers ? À contrarier le bon usage des services. Il

10 faudrait supprimer les usagers. Ils sont la plaie de la fonction publique. Voyez les chemins de fer. À quoi servent les voyageurs ? À ternir l'image des chemins de fer chaque fois que se produisent une panne de caténaire, une grève, un accident. Et le téléphone ? À quoi servent les abonnés ? À se plaindre du téléphone. Quant aux postes, hélas, la question ne se pose

15 même plus : les postes sont faites pour les chiens – qui mordent les facteurs, lesquels s'en vont conséquemment grossir les rangs des usagers budgétivores de la Sécurité sociale. Les crises de la télévision de service public sont à l'avenant. À quoi servent les téléspectateurs de France 2 et de France 3 ? À regarder TF1.

20 Le Sénat, qui est une chambre de contrôle de réflexion, finira bien par organiser un colloque sur la seule question qui vaille : dans une démocratie, à quoi servent les électeurs ? À entraver la démocratie, par leurs continuelles résistances, tantôt à la réforme, tantôt à la conservation. La seule démocratie parfaite n'est-elle pas celle que l'on interdit à tout

25 usage politique, inévitable source de conflits et de mécontentements ? Supprimons les électeurs et la démocratie sera plus belle. Elle méritera même un autre nom.

Jean-Louis Ezine, *Du train où vont les jours*, 1994, Éd. du Seuil.

Procédé utilisé	Exemple
....	....
....	....
....	....
....	....
....	....

Votre commentaire : Dans ce texte, Jean-Louis Ezine dénonce avec ironie le mauvais fonctionnement de ....

....

....

Il déstabilise le lecteur en utilisant ....

....

.... En définitive, son message invite

chacun à réfléchir sur ....

....

14 LES PROCÉDÉS DE L'EXAGÉRATION

1 LA VALORISATION

Le discours argumentatif peut chercher à mettre en valeur la cible qu'il s'est choisie : exagération, répétitions, vocabulaire aux connotations positives sont les moyens les plus fréquemment employés.

▶ **Encadrez dans le texte ci-contre les mots qui expriment un jugement de valeur.**
▶ **Soulignez les répétitions.**
▶ **Remplissez le tableau.**
▶ **Complétez la synthèse.**

Ce qui distingue ce talent de M. Claude Monet, c'est sa grandiose et savante simplicité ; c'est son implacable* harmonie. Il a tout exprimé, même les fugitifs effets de lumière ; même l'insaisissable, même l'inexprimable, c'est-à-dire le mouvement des choses inertes ou
5 invisibles, comme la vie des météores ; et rien n'est livré au hasard de l'inspiration, même heureuse, à la fantaisie du coup de pinceau, même génial. Tout est combiné, tout s'accorde avec les lois atmosphériques, avec la marche régulière et précise des phénomènes terrestres ou célestes. C'est pourquoi il nous donne l'illusion complète de la vie. La vie chante dans
10 la sonorité de ses lointains, elle fleurit, parfumée, avec ses gerbes de fleurs, elle éclate en nappes chaudes de soleil, se voile dans l'effacement mystérieux des brumes, s'attriste sur la nudité sauvage des rochers, modelée ainsi que des visages de vieillards. Les grands drames de la nature, il les saisit, les rend, en leur expression la plus suggestive.
15 Aussi nous respirons vraiment dans sa toile les senteurs de la terre ; des souffles de brises marines nous apportent aux oreilles ces orchestres hurlants du large ou la chanson apaisée des criques ; nous voyons les terres se soulever sous l'amoureux travail des sèves bouillonnantes, le soleil décroître ou monter le long des troncs d'arbres, l'ombre envahir
20 progressivement les verdures ou les nappes d'eau qui s'endorment dans la gloire pourprée des soirs ou se réveillent dans la fraîche virginité des matins. Tout s'anime, bruit, se colore ou se décolore, suivant l'heure qu'il nous représente et suivant la lente ascension et le lent décours* des astres distributeurs de clartés. Et il nous arrive cette impression que bien des
25 fois j'ai ressentie en regardant les tableaux de M. Claude Monet : c'est que l'art disparaît, s'efface, et que nous ne nous trouvons plus qu'en présence de la nature vivante complètement conquise et domptée par ce miraculeux peintre.

Octave Mirbeau, in *Le Figaro*, 10 mars 1889.

---

implacable : à quoi l'on ne peut échapper.
décours : déclin.

	Musique	Sensations	Lumière	Air	Eau	Mouvement
Champs lexicaux						

Votre synthèse : Alors que les peintres impressionnistes sont en butte à l'hostilité du public, Octave Mirbeau cherche, dans ses articles, à valoriser leurs œuvres. Ainsi, dans cet article du *Figaro*, ...

....

....

....

....

....

2 | LA DÉVALORISATION

Le discours argumentatif, lorsqu'il cherche à dévaloriser une idée ou un homme, s'appuie sur les procédés de l'exagération : vocabulaire aux connotations négatives ou procédés de style comme l'énumération, l'image caricaturale ou la gradation.

▶ Encadrez dans le texte ci-contre les mots et expressions qui expriment un jugement de valeur.
▶ Complétez le tableau et la synthèse.

Comme je l'ai expliqué, j'ai horreur de la visite aux collections. Or, Robert de Montesquiou a la manie non seulement de montrer, mais de vanter et d'expliquer minutieusement la sienne. Poil de la barbe de Michelet, vieille cigarette de Mme Sand, larme séchée de Lamartine,
5 baignoire de Mme de Montespan, pot de chambre de Bonaparte à Waterloo, casquette du maréchal Bugeaud, balle qui tua Pouchkine, soulier de bal de la Giuccioli, bouteille d'absinthe ayant abreuvé Musset, bas à jour de Mme de Rénal avec autographe de Stendhal, nez en pomme de terre détaché du masque de Parmentier, tous ces souvenirs
10 « inestimables » – prière de hurler l'*i* d'« inesti » – sont conservés par le poète enivré avec une sollicitude déménageuse et bavarde. Quand survient un visiteur de marque, il le traîne devant ces merveilles, les fait miroiter historiquement, anecdotiquement et légendairement, décrit, s'attendrit, s'irrite, s'exalte, puis, calmé soudain, gémit après un silence :
15 « C'est bien bô ! » ou « Comme c'était bô ! »

Un an après, l'autre ayant tout oublié, le comte Robert y pense encore et, dès qu'il l'aperçoit : « N'est-ce pas que c'était bien bô ? » Deux ans, même cinq après la cérémonie. On peut dire de lui qu'il a l'ébahissement des autres tenace. Mais cela ne serait encore rien s'il n'avait la déplorable
20 habitude, lui si fin ou se croyant tel, de réciter de ses vers ou de sa prose, à tout venant, et pas des pièces de faible longueur, pas des sonnets ni des madrigaux : non, non, de longues tirades rimantes ou non rimantes, ponctuées en fausset de clameurs de surprise et d'allégresse, comme si Eschyle, Pindare, Dante et Shakespeare se révélaient en lui à lui-même.

Léon Daudet, « Fantômes et Vivants », *Souvenirs littéraires*, 1914, Éd. Grasset.

Vocabulaire aux connotations négatives	Énumérations	Gradations	Images caricaturales
....	....	« montrer, vanter, expliquer (l. 2-3)	....
....	....	....	....
....	....	....	....
....	....	....	....
....	....	....	....
....	....	....	....
....	....	....	....

Votre synthèse : Dans ses *Souvenirs littéraires*, Léon Daudet dresse un portrait dévalorisant du poète Robert de Montesquiou. En effet, ...

....

....

....

....

....

....

....

15 RÉCIT, DISCOURS

1 LES MARQUES DU RÉCIT ET DU DISCOURS

Le récit consiste, pour le narrateur, à raconter sans s'impliquer.
Le discours ne raconte pas mais correspond à une situation de communication :
émetteur → message → récepteur.

▶ **Les passages de récit et de discours ([...]) ont été délimités. Relevez leurs caractéristiques respectives : soulignez les verbes, encadrez les pronoms.**
▶ **Complétez la grille d'analyse.**

Enfin Rastignac se leva sans trop bâiller, comme font tant de gens malappris, sonna son valet de chambre, se fit apprêter du thé, en but immodérément, [ce qui ne paraîtra pas extraordinaire aux personnes qui aiment le thé ; mais pour expliquer cette circonstance aux gens qui ne
5 l'acceptent que comme la panacée des indigestions, j'ajouterai qu'Eugène écrivait : il était commodément assis, et avait les pieds plus souvent sur ses chenets que dans sa chancelière. Oh ! avoir les pieds sur la barre polie qui réunit les deux griffons d'un garde-cendre, et penser à ses amours quand on se lève et qu'on est en robe de chambre, est chose si délicieuse,
10 que je regrette infiniment de n'avoir ni maîtresse, ni chenets, ni robe de chambre. Quand j'aurai tout cela, je ne raconterai pas mes observations, j'en profiterai.]
La première lettre qu'Eugène écrivit fut achevée en un quart d'heure : il la plia, la cacheta et la laissa devant lui sans y mettre l'adresse.

Honoré de Balzac, *Étude de femme*, 1842.

	Récit	Discours
Pronoms	....	....
Temps	....	....
Qui parle ?	....	....

2 LES FONCTIONS DU DISCOURS

Le narrateur interrompt parfois le récit pour intervenir. Cette intervention peut avoir différentes fonctions : introduire un commentaire à caractère informatif ; faire appel à l'expérience du lecteur ; montrer que le narrateur est l'organisateur du récit.

▶ **Quelle est la fonction du discours ci-contre ?**
Cochez les bonnes propositions et expliquez votre choix.

Jacques commença l'histoire de ses amours. C'était l'après-dînée : il faisait un temps lourd ; son maître s'endormit. La nuit les surprit au milieu des champs ; les voilà fourvoyés. Voilà le maître dans une colère terrible et tombant à grands coups de fouet sur son valet, et le pauvre
5 diable disant à chaque coup : « Celui-là était apparemment encore écrit là-haut... ».
Vous voyez, lecteur, que je suis en beau chemin, et qu'il ne tiendrait qu'à moi de vous faire attendre un an, deux ans, trois ans, le récit des amours de Jacques, en le séparant de son maître et en leur faisant courir à chacun
10 tous les hasards qu'il me plairait.

Diderot, *Jacques le Fataliste*, 1765.

Aider à la lecture ☐ ; créer une connivence avec le lecteur ☐ ; introduire un commentaire explicatif ☐ ; montrer que le narrateur est l'organisateur de l'histoire ☐ . Explication : ....

....

....

....

....

....

3 | LE DISCOURS RAPPORTÉ

Le discours rapporté permet au narrateur de citer des propos tenus par un autre émetteur dans une autre situation de communication.
– Le discours direct reproduit sans changement le discours cité : souci d'authenticité, effet de réel.
– Le discours indirect résume ou interprète le discours cité : le narrateur est responsable de l'interprétation des paroles rapportées.

▶ **Encadrez les passages au discours direct.**
▶ **Soulignez les passages au discours indirect.**
▶ **Récrivez le passage au discours direct en style indirect. Quelle est la différence ainsi créée ?**

Elle me parut pâle et maigrie, en soupant.[...] Je lui demandai si ce n'était point encore un effet de la frayeur qu'elle avait eue en voyant assassiner son frère. Elle m'assura que, quelque touchée qu'elle fût de cet accident, sa pâleur ne venait que d'avoir essuyé pendant trois mois mon
5 absence.
« Tu m'aimes donc extrêmement ? lui répondis-je.
– Mille fois plus que je ne puis dire, reprit-elle.
– Tu ne me quitteras donc plus jamais ? ajoutai-je.
Antoine-François Prévost, Histoire du chevalier Des Grieux et de Manon Lescaut, 1731.

1. Il lui demanda avec étonnement si elle ....
....

2. Elle lui répondit qu'elle ....
....

3. ....
....

4 | APPLICATION

▶ **Soulignez les passages de récit.**
▶ **Soulignez d'une autre couleur les passages de discours rapporté.**
▶ **Encadrez l'intervention du narrateur.**
▶ **Relevez leur fonction respective.**
▶ **À l'aide de ces éléments d'analyse, poursuivez sur une feuille le paragraphe de commentaire.**

Rieux réfléchissait. Par la fenêtre de son bureau, il regardait l'épaule de la falaise pierreuse qui se refermait au loin sur la baie. Le ciel, quoique bleu, avait un éclat terne qui s'adoucissait à mesure que l'après-midi s'avançait.
5 – Oui, Castel, dit-il, c'est à peine croyable. Mais il semble bien que ce soit la peste.
Castel se leva et se dirigea vers la porte.
– Vous savez ce qu'on nous répondra, dit le vieux docteur : « Elle a disparu des pays tempérés depuis des années. »
10 – Qu'est-ce que ça veut dire, disparaître ? répondit Rieux en haussant les épaules.
– Oui. Et n'oubliez pas : à Paris encore, il y a presque vingt ans.
– Bon. Espérons que ce ne sera pas plus grave aujourd'hui qu'alors. Mais c'est vraiment incroyable.
15 Le mot de « peste » venait d'être prononcé pour la première fois. À ce point du récit qui laisse Bernard Rieux derrière sa fenêtre, on permettra au narrateur de justifier l'incertitude et la surprise du docteur, puisque, avec des nuances, sa réaction fut celle de la plupart de nos concitoyens.
Albert Camus, La Peste, 1947, Éd. Gallimard.

Dans cet extrait de *La Peste* de Camus, on retrouve les deux principaux modes de narration : le récit et le discours. Ainsi dans le passage des lignes ... à ..., le récit permet de ....
....

16 L'ORDRE ET LA DURÉE DU RÉCIT

1 LA STRUCTURE DU TEXTE NARRATIF

Le texte narratif simple peut être décomposé en cinq étapes :
– une situation initiale ;
– un événement perturbateur qui vient rompre l'équilibre de la situation ;
– une suite d'événements ou péripéties ;
– un élément équilibrant qui établit une situation nouvelle ;
– une situation finale.

▶ Soulignez dans le texte ci-contre : en bleu, les péripéties ; en rouge, l'élément équilibrant ; en noir, la situation finale.
▶ Complétez le schéma narratif du récit.
▶ Résumez le récit sous la forme d'un paragraphe rédigé.

Situation initiale : François, un cocher, n'a pour seule amie que Cocote, une chienne qu'il a recueillie.
Élément perturbateur : La présence de Cocote dans la maison devient une source d'ennuis incessants.
Péripétie 1 : Le maître de maison ordonne à François de noyer Cocote. Il obéit.

Il faillit devenir idiot, et pendant un mois il fut malade, hanté par le souvenir de Cocote qu'il entendait aboyer sans cesse.

Il l'avait noyée vers la fin d'avril. Il ne reprit sa tranquillité que longtemps après. Enfin il n'y pensait plus guère, quand, vers le milieu de
5 juin, ses maîtres partirent et l'emmenèrent aux environs de Rouen où ils allaient passer l'été.

Un matin, comme il faisait très chaud, François sortit pour se baigner dans la Seine. Au moment d'entrer dans l'eau, une odeur nauséabonde le fit regarder autour de lui, et il aperçut dans les roseaux une charogne, un
10 corps de chien en putréfaction. Il s'approcha, surpris par la couleur du poil. Une corde pourrie serrait encore son cou. C'était sa chienne, Cocote, portée par le courant à soixante lieues de Paris.

Il restait debout avec de l'eau jusqu'aux genoux, effaré, bouleversé comme devant un miracle, en face d'une apparition vengeresse. Il se
15 rhabilla tout de suite, pris d'une peur folle, se mit à marcher au hasard devant lui, la tête perdue. Il erra tout le jour ainsi et, le soir venu, demanda sa route, qu'il ne retrouvait pas. Jamais depuis il n'a osé toucher un chien.

Guy de Maupassant, *Histoire d'un chien*, 1881.

Péripétie 2 : ....
Péripétie 3 : ....
Péripétie 4 : ....
Élément équilibrant : ....
Situation finale : ....

2 LES REPÈRES TEMPORELS

Dans un roman, des repères temporels ponctuent le récit et permettent de comprendre l'écoulement du temps, souligné par l'utilisation des temps verbaux.

▶ Soulignez dans les extraits ci-contre : en bleu, les repères temporels désignant l'époque ; en rouge, ceux indiquant la durée.
▶ Encadrez en bleu les verbes considérant l'action comme révolue ; en rouge, les verbes présentant l'action comme en train de se faire.
▶ Complétez le commentaire.

Nous étions pourtant depuis dix ans dans ce pays lorsque Meaulnes arriva. J'avais quinze ans. C'était un froid dimanche de novembre, le premier jour d'automne qui fît songer à l'hiver.

Alain-Fournier, *Le Grand Meaulnes*, 1913, Éd. Fayard, 1971.

Mme de Coantré avait passé vingt ans à battre des ailes, comme un oiseau au-dessus duquel tournaient les rapaces. Les rapaces, c'étaient les créanciers. Elle pâlissait quand on sonnait, gardait douze heures dans un tiroir certaines lettres reçues, sans les ouvrir.

Henry de Montherlant, *Les Célibataires*, 1954, Éd. Gallimard.

Dans un texte narratif, l'imparfait souligne .... Le passé simple au contraire considère les actions comme ....

Lorsque le narrateur utilise le plus-que-parfait, c'est pour indiquer ....

....

3 · L'ORDRE DU RÉCIT

Dans un récit, les actions s'enchaînent en fonction de l'ordre chronologique de leur déroulement. Mais le narrateur peut également plonger dans le passé de ses personnages en effectuant un retour en arrière.
Il peut aussi annoncer des événements qui auront lieu plus tard dans le récit en faisant une anticipation.

▶ Encadrez, dans l'extrait ci-contre, les repères temporels.
▶ Complétez l'axe chronologique correspondant.

Le 16 juillet 1907, R., s'extasiant sur les alignements impeccables du livre des comptes, voit les colonnes de chiffres onduler ; en même temps qu'il s'étonne de cette fantasmagorie, il meurt. Il est le seul à le savoir. Personne n'y croit. On avait l'habitude de le voir vivre, et il est déjà chez Pluton qu'on lui tapote encore les joues et qu'on le secoue pour le
5 réveiller. Il faudra « l'odeur délétère », et encore : dix ans après, il viendra encore au magasin des gens de la campagne qui demanderont à le voir.
La belle-fille hérite. Elle a soixante-dix-huit ans…

Jean Giono, *Cœurs, Passions, Caractères*, 1961, Éd. Gallimard.

	1829		1961
Repères/dates :	✕		✕ ➡
Événements :	Naissance de l'héritière		Moment de la narration

4 · APPLICATION

▶ Rédigez, après avoir complété le tableau ci-contre, un court récit qui présentera dans l'ordre de leur déroulement les cinq étapes du schéma narratif. N'oubliez pas de ponctuer chaque événement par le repère temporel qui convient.

Date	Lieu	Événement
janvier 1826	États-Unis	Un navire chargé d'or met les voiles en direction de la France.
février 1826	Atlantique	
janvier 1995	Atlantique	Le narrateur, descendant du propriétaire de la cargaison, retrouve l'épave.
avril 1995	Brest	Une expédition chargée de récupérer l'or est lancée.
septembre 1995	Atlantique	

Votre récit : ....
....
....
....
....
....
....
....
....
....
....
....

17 LE PERSONNAGE DE ROMAN

1   LE NOM ET L'IDENTITÉ DU PERSONNAGE

Le personnage de roman s'insère dans un cadre de vie précis, il a une origine sociale, une famille, un passé, une éducation, un caractère... Ces indications sont souvent suggérées par son nom.

▶ **En suivant l'exemple donné, analysez le nom de chacun des personnages en expliquant à chaque fois ce qu'il suggère : milieu social, métier, nationalité, situation familiale, caractère, physique.**

Tunder-ten-tronck : les sonorités évoquent à la fois la nationalité, germanique, ainsi que la rudesse du caractère. L'ampleur du nom, elle, connote l'appartenance à la noblesse.

Bel-Ami : ....

....

Robur le Conquérant : ....

....

Fabrice del Dongo : ....

....

La Grande Nanon : ....

....

Wladimir Noronsoff : ....

....

Thérèse Églantine : ....

....

Molly : ....

....

Roger Marin Courtial des Pereires : ....

....

2   LA CARACTÉRISATION DIRECTE

Le portrait du personnage peut se construire de manière directe : le narrateur, un personnage apportent des informations, font le portrait de quelqu'un.

▶ **Relevez et classez dans le portrait de la mère Ponisse tous les indices directs :**
– **identité,**
– **physique,**
– **détails vestimentaires.**
▶ **Relevez des détails qui permettent de deviner le caractère du personnage et présentez en quelques mots le résultat de votre recherche.**

Maintenant quelques mots de l'ogresse et de ses hôtes.

L'ogresse s'appelle la mère Ponisse ; sa triple profession consiste à loger, à tenir un cabaret, et à louer des vêtements aux misérables créatures qui pullulent dans ces rues immondes.

5 L'ogresse a quarante ans environ. Elle est grande, robuste, corpulente, haute en couleur et quelque peu barbue. Sa voix rauque, virile, ses gros bras, ses larges mains, annoncent une force peu commune ; elle porte sur son bonnet un vieux foulard rouge et jaune ; un châle de poil de lapin se croise sur sa poitrine et se noue derrière son dos ; sa robe de laine verte

10 laisse voir des sabots noirs souvent incendiés par sa chaufferette ; enfin le teint de l'ogresse est cuivré, enflammé par l'abus des liqueurs fortes.

Eugène Sue, *Les Mystères de Paris*, 1842-1843.

Identité	Physique	Vêtements	Caractère
....	....	....	....
....	....	....	....
....	....	....	....
....	....	....	....
....	....	....	....
....	....	....	....

3 │ LA CARACTÉRISATION INDIRECTE

Les informations à propos du personnage peuvent être apportées de manière indirecte : c'est au lecteur d'interpréter un geste, une parole, une action.

▶ **Relevez, dans chacun des extraits, tout ce qui, dans les gestes, le vocabulaire, le niveau de langue, le titre du personnage imaginé par Balzac, permet de caractériser le personnage.**

▶ **D'après ces indices indirects, présentez le portrait du personnage en quelques mots.**

En voyant cette cassette aux mains de Corentin, la jeune comtesse leva sa cravache et sauta sur lui si vivement, elle lui appliqua sur les mains un si violent coup, que la cassette tomba par terre ; elle la saisit, la jeta dans le milieu de la braise et se plaça devant la cheminée dans une attitude
5   menaçante...

Honoré de Balzac, *Une ténébreuse affaire*, 1841.

– Sont-ils innocents ? demanda l'Empereur.
– Tous, dit-elle avec enthousiasme.
– Tous ? Non, le garde-chasse est un homme dangereux qui tuerait mon sénateur sans prendre votre avis...
5   – Oh ! Sire, dit-elle, si vous aviez un ami qui se fût dévoué pour vous, l'abandonneriez-vous ? ne vous...
– Vous êtes une femme, dit-il avec une teinte de raillerie.
– Et vous un homme de fer ! lui dit-elle avec une dureté passionnée qui lui plut.

Honoré de Balzac, *Une ténébreuse affaire*, 1841.

4 │ APPLICATION

▶ **Soulignez dans le texte ci-contre tous les indices directs.**

▶ **Entourez les indices indirects.**

▶ **Interprétez ces indices indirects : que nous apprennent-ils sur le personnage imaginé par Maupassant ?**

▶ **En vous aidant des indices directs et des indices indirects que vous avez analysés, présentez en quelques lignes la fiche d'identité du personnage.**

Le major, commandant prussien, comte de Farlsberg, achevait de lire son courrier, le dos au fond d'un grand fauteuil de tapisserie et ses pieds bottés sur le marbre élégant de la cheminée, où ses éperons, depuis trois mois qu'il occupait le château d'Uville, avaient tracé deux trous profonds,
5   fouillés un peu plus tous les jours.

Une tasse de café fumait sur un guéridon de marqueterie maculé par les liqueurs, brûlé par les cigares, entaillé par le canif de l'officier conquérant qui, parfois, s'arrêtant d'aiguiser un crayon, traçait sur le meuble gracieux des chiffres ou des dessins, à la fantaisie de son rêve nonchalant.
10   Quand il eut achevé ses lettres et parcouru les journaux allemands que son vaguemestre venait de lui apporter, il se leva, et, après avoir jeté au feu trois ou quatre énormes morceaux de bois vert, car ces messieurs abattaient peu à peu le parc pour se chauffer, il s'approcha de la fenêtre.

La pluie tombait à flots, une pluie normande qu'on aurait dit jetée par
15   une main furieuse, une pluie en biais, épaisse comme un rideau, formant une sorte de mur à raies obliques, une pluie cinglante, éclaboussante, noyant tout, une vraie pluie des environs de Rouen, ce pot de chambre de la France.

L'officier regarda longtemps les pelouses inondées, et, là-bas, l'Andelle
20   gonflée qui débordait ; et il tambourinait contre la vitre une valse du Rhin, quand un bruit le fit se retourner : c'était son second, le baron de Kelweingstein, ayant le grade équivalent à celui de capitaine.

Le major était un géant, large d'épaules, orné d'une longue barbe en éventail formant nappe sur sa poitrine ; et toute sa grande personne
25   éveillait l'idée d'un paon militaire, un paon qui aurait porté sa queue déployée à son menton. Il avait des yeux bleus, froids et doux, une joue fendue d'un coup de sabre dans la guerre d'Autriche ; et on le disait brave homme autant que brave officier.

Guy de Maupassant, *Mademoiselle Fifi*, 1882.

18 LE RYTHME DU RÉCIT

1 LE TEMPS DE LA FICTION/LE TEMPS DE LA NARRATION

Le temps de la fiction est le temps de la durée de l'intrigue. Son écoulement est marqué par la présence de repères temporels qui fixent le récit à une époque et dans une durée.
Le temps de la narration est le temps nécessaire pour raconter un événement. Il varie en fonction de l'importance que le narrateur accorde à celui-ci.
Temps de la fiction et temps de la narration ne coïncident que dans le dialogue.

▶ Soulignez dans les extraits suivants : en bleu, les repères temporels qui fixent le récit à une époque ; en rouge, ceux qui indiquent une durée.
▶ Indiquez entre parenthèses le nombre de lignes choisi par le narrateur pour raconter l'événement.
▶ Classez dans le tableau les extraits en fonction de leur ordre croissant de durée.

1. Pendant cinq jours, Léa courut Paris, écrivit, télégraphia, reçut des dépêches et des lettres méridionales. Et elle quitta Paris, laissant à Mme Peloux une courte lettre... ( )
Colette, *Chéri*, 1920, Éd. Fayard, 1984.

2. À Bruges, il eut de petits ennuis à cause de son absence de bagages. Il devait payer sa chambre chaque nuit, ne pouvait changer de linge et allait chez le coiffeur tous les deux jours. Douze jours passèrent ainsi. ( )
Raymond Queneau, *Le Dimanche de la vie*, 1952, Éd. Gallimard.

3. Ce soir froid de février 1924, sur les sept heures, un homme paraissant la soixantaine bien sonnée, avec une barbe inculte et d'un gris douteux, était planté sur une patte devant une boutique de la rue de la Glacière, non loin du boulevard Arago, et lisait le journal à la lumière d'une devanture, en s'aidant d'une grande loupe rectangulaire de philatéliste. ( )
Henry de Montherlant, *Les Célibataires*, 1954, Éd. Gallimard.

4. Ceci fut le commencement d'une randonnée qui devait durer plus de dix ans à travers tous les pays du globe. ( )
Blaise Cendrars, *Moravagine*, 1926, Éd. Grasset.

Temps de la fiction	....	....	....	....
Temps de la narration	....	....	....	....

2 LE RYTHME DU RÉCIT

L'auteur peut choisir d'accélérer le rythme de son récit en résumant un laps de temps très long : c'est le sommaire.
Il peut détailler son récit en faisant la relation minutieuse d'un événement : c'est la scène.
Il peut choisir de passer sous silence certaines actions en faisant une ellipse. Enfin, il peut faire marquer une pause au récit en faisant une description.
Le temps de la narration ne s'écoule pas de manière régulière et continue mais varie en fonction des choix de l'auteur, du temps de la narration.

▶ Résumez le passage ci-contre en une phrase afin d'en faire un sommaire.
▶ Développez l'un des événements annoncés par les titres du journal afin d'en faire une scène.

L'aventure, on le voit, faisait la boule de neige. Bientôt, elle courut les grands chemins, descendit ainsi qu'une épave les cours de la Marne et de la Meuse, finit par franchir les Ardennes, vint rouler jusqu'au pied des Vosges. Elle défraya l'indignation du *Mémorial d'Épinal*, arracha des
5 sourires au *Libéral de Toul*, suscita à l'*Écho de Nancy*, et au *Publicateur de Vitry-le-François* de sévères considérations. Et un beau jour, brusquement, elle s'abattit sur Paris, comme une attaque de choléra. Ce fut *le Matin* qui attacha le grelot. Avisé par fil spécial, il lança dans la circulation un article qui fit coup de canon : deux colonnes serrées, compactes, que précédait ce
10 titre-sommaire en forme de cône tronqué et renversé :

LES SCANDALES DE L'EST

Deux soldats trouvés ivres morts. — Tenta-
tive d'assassinat sur un commerçant de
Bar-le-Duc. — L'émotion dans la
ville. — La gendarmerie mise
sur pied. — Complicité sup-
posée d'un colonel. — Un
prêtre frappé. —
Nécessité de l'état
de siège.

Georges Courteline,
Le Train de 8 h 47.

3   APPLICATION

▶ Encadrez dans l'extrait ci-contre : en rouge, les repères temporels qui soulignent la durée des actions ; en bleu, ceux qui soulignent leur enchaînement.

▶ Deux ellipses sont présentes dans cet extrait : la première est marquée par un repère temporel, soulignez-le ; la seconde soustrait au récit un laps de temps indéterminé, marquez-le par des points de suspension.

▶ Mettez entre crochets les passages descriptifs faisant marquer une pause au récit.

▶ Expliquez en quoi l'ensemble du passage constitue une scène en analysant les variations de rythme du récit.

Désœuvré, cherchant, comme les cloportes, un endroit frais, à la fin de ce jour caniculaire, il avait eu la fantaisie, peu conforme à ses ordinaires fantaisies, d'entrer dans la vieille église et s'était assis dans ce coin sombre, derrière ce confessionnal pour y rêver en regardant s'éteindre la
5 grande rosace.

Au bout de quelques minutes, sans savoir comment ni pourquoi, il devenait le témoin fort involontaire d'une confession.

Il est vrai que les paroles ne lui arrivaient pas distinctes et, qu'en somme, il n'entendait qu'un chuchotement. Mais le colloque, vers la fin,
10 semblait s'animer.

Quelques syllabes, çà et là, se détachaient, émergeant du fleuve opaque de ce bavardage pénitentiel et le jeune homme qui, par miracle était le contraire d'un parfait goujat, craignit tout de bon de surprendre des aveux qui ne lui étaient évidemment pas destinés.
15 Soudain cette prévision se réalisa. Un remous violent parut se produire. Les ondes immobiles grondèrent en se divisant, comme pour laisser surgir un monstre, et l'auditeur, broyé d'épouvante, entendit ces mots proférés avec impatience :

– *Je vous dis, mon père, que j'ai mis du poison dans sa tisane !*
20 Puis, rien. La femme, dont le visage était invisible, se releva du prie-Dieu et, silencieusement, disparut dans le taillis des ténèbres.

Pour ce qui est du prêtre, il ne bougeait pas plus qu'un mort et de lentes minutes s'écoulèrent avant qu'il ouvrît la porte et qu'il s'en allât, à son tour, du pas pesant d'un homme assommé.
25 Il fallut le carillon persistant des clefs du bedeau et l'injonction de sortir, longtemps bramée dans la nef, pour que Jacques se levât lui-même, tellement il était abasourdi de cette parole qui retentissait en lui comme une clameur.

Il avait parfaitement reconnu la voix de sa mère !

Léon Bloy, *La Tisane*, Éd. Alfil.

La narration
→ ralentit l'écoulement du temps de la fiction.
Exemple : ....
....

→ accélère l'écoulement du temps de la fiction.
Exemple : ....
....

→ fait marquer une pause au récit et à l'écoulement du temps.
Exemple : ....
....

Votre analyse : ....
....
....
....

19 LA NARRATION ET LA DESCRIPTION

1 — LA NARRATION DES ÉVÉNEMENTS

Le texte narratif relate une succession d'événements relevant de la fiction romanesque, dans leur ordre chronologique le plus souvent. Pour cela, les temps verbaux dominants sont le passé simple et le présent de narration. L'imparfait marque la répétition ou souligne la durée des événements.

▶ Entourez dans l'extrait ci-contre les repères temporels.
▶ Mettez au passé simple les verbes entre parenthèses.
▶ Remettez le récit dans son ordre chronologique en numérotant chaque paragraphe.

1 Il regardait la vache ; et la vache le regardait ; puis, soudain, lui lançant dans le flanc un grand coup de pied : « Debout ! » dit-il.

2 Mais la pluie glacée tombait plus serrée, et toute la plaine était nue sans lui montrer un refuge. Il avait froid ; et il regardait une lumière qui brillait entre les arbres, à la fenêtre d'une maison.

3 Quand il (être) .... auprès, elle (lever) .... vers lui sa grosse tête, et il (penser) .... : « Si seulement j'avais un pot, je pourrais boire un peu de lait. »

4 La nuit venait, couvrant d'ombre les champs. Il (apercevoir) .... au loin, dans un pré, une tache sombre sur l'herbe, une vache. Il (enjamber) .... le fossé de la route et (aller) .... vers elle, sans trop savoir ce qu'il faisait.

5 La bête (se dresser) .... lentement, laissant pendre sous elle sa lourde mamelle ; alors l'homme (se coucher) .... sur le dos entre les pattes de l'animal, et il (boire) ...., longtemps, longtemps, pressant de ses deux mains le pis gonflé, chaud, et qui sentait l'étable. Il (boire) .... tant qu'il (rester) .... du lait dans cette source vivante.

Guy de Maupassant, *Le Vagabond*, 1887.

2 — LES FONCTIONS DE LA DESCRIPTION

La description permet au lecteur de se représenter des lieux, des personnages ou des objets.
Elle marque une pause dans le récit.
Le temps dominant est l'imparfait.
Elle peut avoir plusieurs fonctions :
– fonction référentielle : représenter et imiter le réel ;
– fonction esthétique : privilégier les images, la beauté ;
– fonction symbolique : laisser deviner les événements à venir, suggérer une atmosphère.

▶ Soulignez les verbes conjugués à l'imparfait dans les extraits suivants.
▶ Encadrez les indicateurs de lieu.
▶ Indiquez la fonction de chacune de ces descriptions.

Une sorte de toiture chinoise abritait l'estrade où jouaient les musiciens ; le sol autour était couvert d'asphalte, et des lanternes vénitiennes accrochées à des poteaux formaient, de loin, sur les quadrilles, une couronne de feux multicolores. Un piédestal, çà et là,
5 supportait une cuvette de pierre, d'où s'élevait un mince filet d'eau.

G. Flaubert, *L'Éducation sentimentale*, 1869.

Tout semblait avoir été fait pour que la plaine fût sans cesse immédiatement présente aux habitants du camp. Il se souvenait de certaines grosses fermes picardes dont toutes les façades s'ouvraient à l'intérieur de la cour, et qui n'offraient que des murs aveugles à
5 l'extérieur. Ici, c'était tout l'inverse. Les clôtures de fils de fer étaient des murs transparents. Les miradors semblaient inviter à fouiller l'horizon.

Michel Tournier, *Le Roi des Aulnes*, 1970, Éd. Gallimard.

Par une grise matinée de novembre, je descendais les quais d'un pas hâtif. Une bruine froide mouillait l'atmosphère. Des passants noirs, obombrés* de parapluies difformes, s'entrecroisaient.
La Seine jaunie charriait ses bateaux marchands pareils à des hannetons
5 démesurés. Sur les ponts, le vent cinglait brusquement les chapeaux, que leurs possesseurs disputaient à l'espace avec ces attitudes et ces contorsions dont le spectacle est toujours si pénible pour l'artiste.

Villiers de L'Isle-Adam, *Contes cruels*, 1874.

_____
obombrés : couverts d'ombre.

Extrait 1 : ....
Extrait 2 : ....
Extrait 3 : ....

3 L'ORGANISATION DE LA DESCRIPTION

La description peut être prise en charge par un personnage. Elle est donc souvent introduite par un verbe de perception. Des repères spatiaux structurent la représentation.

► Encadrez en bleu les verbes de perception ; en rouge les repères spatiaux.
► Soulignez les mots qui constituent le champ lexical dominant.
► Récrivez la scène, décrite cette fois à travers le regard de l'empereur.

Et Maurice resta planté sur une marche, dans les ténèbres de l'escalier. Le cou tordu, il apercevait, par une imposte vitrée, un spectacle dont il emporta l'inoubliable souvenir.

L'empereur était là, au fond de la pièce bourgeoise et froide, assis devant
5 une petite table, sur laquelle son couvert était mis, éclairée à chaque bout d'un flambeau. Dans le fond, deux aides de camp se tenaient silencieux. Un maître d'hôtel, debout près de la table, attendait. Et le verre n'avait pas servi, le pain n'avait pas été touché, un blanc de poulet refroidissait au milieu de l'assiette. L'empereur, immobile, regardait la nappe, de ces yeux
10 vacillants, troubles et pleins d'eau, qu'il avait déjà à Reims. Mais il semblait plus las, et, lorsque, se décidant, d'un air d'immense effort, il eut porté à ses lèvres deux bouchées, il repoussa tout le reste de la main. il avait dîné. Une expression de souffrance, endurée secrètement, blêmit encore son pâle visage.

Émile Zola, *La Débâcle*, 1892.

L'empereur était assis depuis quelques minutes. Il n'avait pas faim. L'univers semblait s'être ligué contre lui. Au fond de la pièce il apercevait

....

....

.... À côté, ...

....

.... derrière lui, il sentait bien que ....

....

.... Désespéré, il regarda la nappe, ...

....

....

....

4 APPLICATION

► Faites l'analyse du texte suivant en montrant comment l'auteur insère la description dans un récit. Rédigez la réponse sur votre cahier.

Un soir, mon père venait de fermer la porte de la rue ; on frappa. Deux gros coups très vite et une voix inconnue qui cria d'un grand cri mou :
« Père Jean !
– Qu'est-ce que c'est ? dit ma mère, blanche comme un osier.
5 – On va voir. »
Il releva la clenche de fer. Dehors, l'homme piétinait sur le trottoir avec ses gros souliers. Mon père entrebâilla la porte. Je me souviendrai toujours de cette main perdue. Elle était noire et grasse. Elle avait surgi de la rue. Elle tirait sur la porte pour l'ouvrir en plein. Elle était affolée et
10 plaintive comme un rat qu'on traque à coups de bâton. La porte s'ouvrit. L'homme se précipita chez nous et ferma la porte.
« Fermez, fermez », disait-il en tremblant et il montrait le verrou.
Mon père poussa le verrou.

Jean Giono, *Jean Le Bleu*, 1932, Éd. Grasset.

20 LA FOCALISATION

1 LA FOCALISATION ZÉRO

On appelle focalisation, ou point de vue, le procédé qui consiste à « faire voir » la scène, le personnage ou l'objet décrits par un foyer de perception. Dans ce texte, le narrateur, qui n'est pas un personnage, a une connaissance parfaite de tous les actes et pensées du personnage ; il est omniscient. On parle alors de focalisation zéro.

▶ Soulignez, dans le texte ci-contre, les révélations et jugements du narrateur sur ses personnages.
▶ Remplissez le tableau.

Alors âgé d'environ cinquante ans, le régisseur, homme de moyenne taille et brun, paraissait très sévère. Sa figure bilieuse, à laquelle les habitudes de la campagne avaient imprimé des couleurs violentes, faisait supposer, à première vue, un caractère autre que le sien. Tout aidait à cette
5 tromperie. Ses cheveux grisonnaient. Ses yeux bleus et un grand nez en bec à corbin lui donnaient un air d'autant plus sinistre que ses yeux étaient un peu trop rapprochés du nez ; mais ses larges lèvres, le contour de son visage, la bonhomie de son allure eussent offert à un observateur des indices de bonté.

Honoré de Balzac, *Un début dans la vie*, 1844.

Apparences physiques	Apparences morales	Révélations et jugements du narrateur
moyenne taille et brun	sévère	....
....	....	....
....	....	....
....	....	....
....	....	....
....	....	....

2 LA FOCALISATION EXTERNE

Elle consiste pour le narrateur à prendre en charge le récit d'un point de vue extérieur à la réalité décrite, comme s'il était un simple témoin des événements.

▶ Soulignez dans le texte : en bleu, les informations données directement par le narrateur (ex. : « La voiture s'arrêta », l. 2) ; en rouge, les informations données indirectement (ex. : « Bezons », l. 1).
▶ Quels sont les différents moyens utilisés pour donner des informations de manière indirecte ?
▶ Le narrateur participe-t-il au récit ? Rédigez votre réponse.

Un homme qui passait avait nommé le pays : Bezons.
La voiture s'arrêta, et M. Dufour se mit à lire l'enseigne engageante d'une gargote : *Restaurant Poulin, matelotes et fritures, cabinets de société, bosquets et balançoires.* « Eh bien ! madame Dufour, cela te va-t-il ? Te décideras-tu
5 à la fin ? »
La femme lut à son tour : *Restaurant Poulin, matelotes et fritures, cabinets de société, bosquets et balançoires.* Puis elle regarda la maison longuement.
C'était une auberge de campagne, blanche, plantée au bord de la route. Elle montrait, par la porte ouverte, le zinc brillant du comptoir devant
10 lequel se tenaient deux ouvriers endimanchés.
À la fin, Mme Dufour se décida : « Oui, c'est bien, dit-elle ; et puis il y a de la vue. » La voiture entra dans un vaste terrain planté de grands arbres qui s'étendaient derrière l'auberge et qui n'était séparé de la Seine que par le chemin de halage.

Guy de Maupassant, *Une partie de campagne*, 1881.

Les informations indirectes sont données par :

– ....

– ....

– ....

Votre réponse : ....

....

....

3 LA FOCALISATION INTERNE

Elle consiste, pour le narrateur, qui n'est pas un personnage, à faire prendre en charge occasionnellement le récit par l'un ou l'autre de ses personnages. Ce sont alors le regard ou les pensées de celui-ci que le lecteur découvre.

▶ Soulignez dans le texte les indices de langage familier. Encadrez le nom désignant le personnage qui les prend en charge.

▶ Remplissez le tableau suivant en transformant le discours indirect libre du texte en discours direct.

Quand la sage-femme eut siroté son verre, elle s'en alla : tout marchait bien, on n'avait plus besoin d'elle ; si la nuit n'était pas bonne, on l'enverrait chercher le lendemain. Elle descendait encore l'escalier, que Mme Lorilleux la traita de licheuse et de propre à rien. Ça se mettait 5 quatre morceaux de sucre dans son café, ça se faisait donner des quinze francs, pour vous laisser accoucher toute seule. Mais Coupeau la défendait ; il allongerait les quinze francs de bon cœur ; après tout, ces femmes-là passaient leur jeunesse à étudier, elles avaient raison de demander cher. Ensuite, Lorilleux se disputa avec Mme Lerat ; lui, 10 prétendait que, pour avoir un garçon, il fallait tourner la tête de son lit vers le nord, tandis qu'elle haussait les épaules traitant ça d'enfantillage.

Émile Zola, *L'Assommoir*, 1878.

La sage-femme	« Tout marche bien, vous n'avez plus besoin de moi ; si la nuit n'est pas bonne, on m'enverra chercher demain. »
Mme Lorilleux	
Coupeau	
Lorilleux	
Mme Lerat	

4 APPLICATION

▶ Soulignez en bleu les passages pris en charge par le narrateur ; en rouge, ceux reflétant les paroles et pensées des personnages.

▶ Encadrez les jugements et indices montrant la présence d'un narrateur omniscient.

▶ Rédigez une synthèse en quelques lignes pour caractériser chacun des trois types de focalisations.

D'un geste hardi, une grande fille aux yeux de braise lui envoyait de loin un baiser sonnant dans l'air comme un cri d'oiseau.

– Prends garde, Zette… si sa dame te voyait !

– C'est la bleue, sa dame ?

5 Non, la bleue c'était sa belle-sœur, mademoiselle Hortense, une jolie demoiselle qui ne faisait que sortir du couvent et déjà « montait le cheval » comme un dragon. Madame Roumestan était plus posée, de meilleure tenue, mais elle avait l'air bien plus fier. Ces dames de Paris, ça s'en croit tant ! Et, dans le pittoresque effronté de leur langue à demi-10 latine, les femmes, debout, les mains en abat-jour au-dessus des yeux, détaillaient tout haut les deux Parisiennes, leurs petits chapeaux de voyage, leurs robes collantes, sans bijoux, d'un si grand contraste avec les toilettes locales : chaînes d'or, jupes vertes, rouges, arrondies de tournures énormes. Les hommes énuméraient les services rendus par Numa à la 15 bonne cause, sa lettre à l'empereur, son discours pour le drapeau blanc. Ah ! si on en avait eu une douzaine comme lui à la Chambre, Henri V serait sur le trône depuis longtemps.

Alphonse Daudet, *Numa Roumestan*, 1881.

21 L'ÉTUDE DE LA FORME D'UN POÈME

1 | LES FORMES RÉGULIÈRES

La forme du poème peut être fixe : fable, rondeau, ballade ou sonnet. Elle obéit alors à des règles strictes. Le poème peut également se présenter sous la forme d'une suite de strophes ayant le même nombre de vers :

– deux vers = distique ;
– trois vers = tercet ;
– quatre vers = quatrain ;
– cinq vers = quintil ;
– six vers = sizain ; etc.

▶ Après la lecture du poème, remplissez le tableau ci-contre.
▶ Complétez l'analyse.

« Elle a passé, la jeune fille,
Vive et preste comme un oiseau ;
À la main une fleur qui brille,
À la bouche un refrain nouveau.

5 C'est peut-être la seule au monde
Dont le cœur au mien répondrait :
Qui, venant dans ma nuit profonde,
D'un seul regard l'éclairerait !...

Mais non, – ma jeunesse est finie...
10 Adieu, doux rayon qui m'a lui. –
Parfum, jeune fille, harmonie...
Le bonheur passait, – il a fui ! »

Gérard de Nerval, « Une allée du Luxembourg »,
Odelettes, Petits Châteaux de Bohême, 1832.

	Strophe 1	Strophe 2	Strophe 3
Nombre de vers	....	....	....
Nombre de syllabes par vers	....	....	....
Schémas des rimes	A-B-A-B	....	....

La forme du poème de Gérard de Nerval intitulé « Une allée du Luxembourg » est fixe car ....

....

2 | LE POÈME EN PROSE

Le poème en prose abandonne toutes les contraintes de la poésie. La strophe prend l'aspect d'un paragraphe à la structure narrative, s'appuyant sur les sonorités et les images poétiques.

▶ Soulignez les mots et expressions aux connotations poétiques.
▶ Encadrez en rouge les mots appartenant au champ lexical du fugitif, du changeant.
▶ Entourez les sonorités dominantes du poème.
▶ Complétez l'analyse.

LES ÉCORAVETTES

Les Écoravettes servent de guides (non de servantes, ni de porteuses) au passage du marais d'Op. Les passes changent avec la saison et jamais les hommes n'ont été aussi bons qu'elles à retrouver les îles et les terre-pleins de ces chemins changeants. Elles posent de-ci de-là leurs petits pieds avec
5 sensibilité et interrogation, comme des oreilles prolongées, et puis on passe.

Henri Michaux, « Voyage en grande Garabagne »,
Ailleurs, 1967, Éd. Gallimard.

La poésie d'Henri Michaux est proche de la prose. Ainsi, son poème intitulé « Les Écoravettes » ....

....

.... Cependant, il s'agit avant tout d'un poème en prose. En effet, ...

....

....

3 | LES FORMES LIBRES

La forme du poème peut être libre : longueur des vers inégale, abandon partiel ou total de la rime, strophes de longueurs différentes… C'est le poème qui invente et justifie sa propre forme.

▶ **Complétez le schéma des rimes du poème (colonne 1).**
▶ **Indiquez le nombre de syllabes de chaque vers (colonne 2).**
▶ **Complétez l'analyse.**

		1	2
	L'aurore adolescente	A	6
	Qui songe au soleil d'or,	B	6
	– Un soleil d'hiver sans flammes éclatantes	A	12
	Enchantée par les fées qui jouent sous les cieux morts, –	B	
5	L'Aurore adolescente	A	
	Monte peu à peu	C	
	Si doucement qu'on peut		
	Voir grelottante		
	Rosir l'aurore pénétrée		
10	De la fraîcheur de la dernière vêprée.		
	Et le soleil terne, enchanté,		
	Se montre enfin, sans vie,		
	Sans clarté,		
	Car les fées d'hiver les lui ont ravies,		
15	Et l'aurore joyeuse		
	Heureuse,		
	Meurt		
	Tout en pleurs		
	Dans le ciel étonné		
20	Quasi honteuse		
	D'être mère d'un soleil mort-né.		

Guillaume Apollinaire, « Aurore d'hiver »,
Poèmes retrouvés (posthume), Éd. Gallimard.

Le poème de Guillaume Apollinaire, intitulé « Aurore d'hiver », est de forme libre. En effet, ...

....

....

4 | APPLICATION

Le sonnet est un poème de forme fixe répondant aux règles suivantes :
– quatorze vers de mètre identique (alexandrin, décasyllabe, octosyllabe) ;
– deux quatrains et deux tercets ;
– les rimes des deux quatrains sont identiques, croisées ou embrassées.

▶ **Reconstituez sur une feuille le sonnet tel qu'il a été écrit par Baudelaire en vous aidant des rimes et de la ponctuation.**
▶ **Faites l'analyse de la forme du sonnet en rédigeant un paragraphe : schéma des rimes, disposition et longueur des strophes, longueur des vers.**

Nous aurons des lits pleins d'odeurs légères, des divans profonds comme des tombeaux, et d'étranges fleurs sur les étagères, écloses pour nous sous des cieux plus beaux. Usant à l'envi leurs chaleurs dernières, nos deux cœurs seront deux vastes flambeaux, qui réfléchiront leurs 5 doubles lumières dans nos deux esprits, ces miroirs jumeaux. Un soir fait de rose et de bleu mystique, nous échangerons un éclair unique, comme un long sanglot, tout chargé d'adieux ; et plus tard un Ange, entr'ouvrant les portes, viendra ranimer, fidèle et joyeux, les miroirs ternis et les flammes mortes.

Charles Baudelaire, « La Mort des amants »,
Les Fleurs du mal, 1857.

Votre paragraphe : Ce poème de Charles Baudelaire, intitulé « La Mort des amants », est un sonnet. En effet, ...

....

....

....

....

22 LES RÉSEAUX LEXICAUX

1 LE CHAMP LEXICAL

On appelle champ lexical l'ensemble des mots qui, dans un texte, évoquent une même idée, un même thème.
La présence d'un ou plusieurs champs lexicaux indique le ou les thèmes dominants ainsi que leur atmosphère.

▶ Les mots qui composent le champ lexical de la navigation ont été encadrés dans le poème ci-contre. Ceux qui ont été soulignés forment un autre champ lexical. Dites lequel.
▶ Parmi les propositions, cochez celle qui vous paraît le mieux correspondre à ce que suggère chaque champ lexical.

Un ⎡port⎦ est un séjour charmant pour une âme fatiguée des luttes de la vie. L'ampleur du ciel, l'architecture <u>mobile</u> des nuages, les colorations <u>changeantes</u> de la mer, le <u>scintillement</u> des phares, sont un prisme merveilleusement propre à amuser les yeux sans jamais les lasser. Les
5 formes élancées des ⎡navires⎦ au ⎡gréement⎦ compliqué, auxquels la ⎡houle⎦ imprime des <u>oscillations</u> harmonieuses, servent à entretenir dans l'âme le goût du <u>rythme</u> et de la beauté. Et puis, surtout, il y a une sorte de plaisir mystérieux et aristocratique pour celui qui n'a plus ni curiosité ni ambition, à contempler, couché dans le belvédère ou accoudé sur le
10 ⎡môle⎦, tous ces <u>mouvements</u> de ceux qui <u>partent</u> et de ceux qui <u>reviennent</u>, de ceux qui ont encore la force de vouloir, le désir de voyager ou de s'enrichir.

Charles Baudelaire, *Le Spleen de Paris*, 1862.

Champ lexical de la navigation : voyage ☐ ; fatigue ☐ ; rêve ☐.
Champ lexical du .... : exotisme ☐ ; bien-être ☐ ; rêve ☐.

2 LES RÉSEAUX LEXICAUX

On appelle réseau lexical l'ensemble des mots qui désignent des réalités ou des idées appartenant au même thème, auquel s'ajoutent tous les mots qui, à cause du contexte, évoquent aussi le thème.

▶ Soulignez dans les deux quatrains les mots qui composent le réseau lexical de l'amour.
▶ Soulignez en pointillés tous les mots qui composent le réseau lexical de la mort.
▶ Relevez dans les deux tercets le principal réseau lexical.
▶ Complétez le paragraphe de commentaire.

Quand je pense à ce jour, où je la vis si belle
Toute flamber d'amour, d'honneur et de vertu,
Le regret, comme un trait mortellement pointu,
Me traverse le cœur d'une plaie éternelle.

5 Alors que j'espérais la bonne grâce d'elle,
Amour a mon esprit par la mort combattu ;
La mort a son beau corps d'un cercueil revêtu,
Dont j'espérais la paix de ma longue querelle.

Amour, tu es enfant inconstant et léger ;
10 Monde, tu es trompeur, piqueur et mensonger,
Décevant d'un chacun l'attente et le courage.

Malheureux qui se fie en l'Amour et en toi !
Tous deux comme la mer vous n'avez point de foi,
La mer toujours parjure, Amour toujours volage.

Pierre de Ronsard,
Second Livre des Amours, Sur la mort de Marie, 1578.

Premier et second quatrains : réseau lexical de ....
(exemple : ....) et de .... (exemple :
..............................) : .... Ronsard veut ainsi évoquer tour
à tour le souvenir douloureux de la première rencontre et ....
....
Ensemble des tercets : ....
....

3 | APPLICATION

Un réseau lexical peut être particulièrement important et développé tout au long du poème : il en forme alors le thème principal. Mais le passage d'un réseau lexical à un autre est fréquent. Il s'agit alors de rechercher ce que suggèrent (les connotations) les différents réseaux et d'interpréter les effets de similitude ou les oppositions.

▶ Relevez en les soulignant au moyen de couleurs différentes les quatre principaux réseaux lexicaux du poème.
▶ Analysez chacun de ces réseaux lexicaux en indiquant quelles connotations thématiques y sont attachées.
▶ Confrontez ces connotations pour indiquer celles qui apparaissent négatives et celles qui sont positives.
▶ En vous appuyant sur votre démarche, poursuivez sur une feuille ou sur votre cahier le paragraphe de commentaire.

MÉLODIE IRLANDAISE

Le soleil du matin commençait sa carrière,
Je vis près du rivage une barque légère
Se bercer mollement sur les flots argentés.
Je revins quand la nuit descendait sur la rive :
5 La nacelle était là, mais l'onde fugitive
Ne baignait plus ses flancs dans le sable arrêtés.

Et voilà notre sort ! au matin de la vie
Par des rêves d'espoir notre âme poursuivie
Se balance un moment sur les flots du bonheur ;
10 Mais, sitôt que le soir étend son voile sombre,
L'onde qui nous portait se retire, et dans l'ombre
Bientôt nous restons seuls en proie à la douleur.

Au déclin de nos jours on dit que notre tête
Doit trouver le repos sous un ciel sans tempête ;
15 Mais qu'importe à mes vœux le calme de la nuit !
Rendez-moi le matin, la fraîcheur et les charmes ;
Car je préfère encor ses brouillards et ses larmes
Aux plus douces lueurs du soleil qui s'enfuit.

Oh ! qui n'a désiré voir tout à coup renaître
20 Cet instant dont le charme éveilla dans son être
Et des sens inconnus et de nouveaux transports !
Où son âme, semblable à l'écorce embaumée,
Qui disperse en brûlant sa vapeur parfumée,
Dans les feux de l'amour exhala ses trésors !

Gérard de Nerval, *Vers d'Opéra*, 1853.

Thème général	Le temps qui passe			
Réseaux lexicaux	la lumière	l'eau	la nuit	le parfum
Connotations thématiques	la jeunesse	....	....	....
Connotations appréciatives	positives	....	....	....

Dans son poème, *Mélodie irlandaise*, Gérard de Nerval évoque un thème souvent repris par d'autres romantiques. Il s'agit du temps qui passe. Pour cela, il développe quatre réseaux lexicaux principaux dont les connotations nous renvoient au thème central. Ainsi, la lumière symbolise

....
....
....
....

23 LES IMAGES POÉTIQUES

1 LA COMPARAISON ET LA MÉTAPHORE

Les images créent une réalité nouvelle en rapprochant deux univers différents, qu'elles mettent sur le même plan :
– la comparaison met en relation le comparé (ce que l'on compare) et le comparant (ce à quoi l'on compare) au moyen d'un outil de comparaison ;
– la métaphore associe, sans outil de comparaison, deux éléments entre lesquels le lecteur perçoit une ressemblance.

▶ Relevez dans les vers suivants les images qu'ils contiennent. Soulignez les comparaisons, encadrez les métaphores.
▶ Remplissez le tableau.

Sans regretter $\boxed{\text{son sang qui coule goutte à goutte}}$,
Le pin verse son baume et sa sève qui bout

(Théophile Gautier)

Les yeux fixés sur moi, comme un tigre dompté,
D'un air vague et rêveur elle essayait des poses

(Charles Baudelaire)

Ô Lou ma grande peine ô Lou mon cœur brisé
Comme un doux son de cor ta voix sonne et résonne

(Guillaume Apollinaire)

L'empereur était là, debout, qui regardait.
Il était comme un arbre en proie à la cognée.

(Victor Hugo)

Le temps qui passe passe passe
Avec sa corde fait des nœuds

(Louis Aragon)

Images (comparaison ou métaphore)	Comparé	Comparant	Réalité nouvelle
« son sang qui coule »	« le pin »	un homme blessé	univers de souffrance
....	....	....	....
....	....	....	....
....	....	....	....
....	....	....	....

2 L'OXYMORE

C'est le rapprochement de deux termes indiquant des qualités opposées et dont les significations paraissent se contredire. Ce type d'image est peu fréquent.

▶ Soulignez l'oxymore contenu dans les vers suivants.
▶ Expliquez en une phrase la signification nouvelle qu'ils prennent une fois réunis.

Je la comparerais à un soleil noir, si l'on pouvait concevoir un astre noir versant la lumière et le bonheur. (Charles Baudelaire)

....

Un vieux polichinelle articulé désarticulé (Robert Pinget)

....

Cette obscure clarté qui tombe des étoiles (Pierre Corneille)

....

Le soleil noir de la mélancolie (Gérard de Nerval)

....

46

3 | LA MÉTAPHORE FILÉE

La métaphore filée est une image qui se poursuit, se développe sur plusieurs termes.

▶ Complétez le premier tableau après avoir relevé l'ensemble des comparaisons du poème. Aidez-vous pour cela des outils de comparaison soulignés.
▶ L'ensemble du poème repose sur une métaphore filée dont le comparé est la bien-aimée et les comparants une évocation du monde de la navigation. Remplissez le deuxième tableau.
▶ Rédigez une synthèse qui mettra en évidence la fonction des images poétiques contenues dans le poème.

PARADIS DU RÊVE

Je m'embarquerai, si tu le veux,
Comme un gai marin quittant la grève,
Sur les flots dorés de tes cheveux
Pour un paradis fleuri du rêve.

5 Ta jupe en flottant au vent du soir
Gonflera ses plis comme des voiles,
Et quand sur la mer il fera noir,
Tes beaux yeux seront mes deux étoiles.

Ton rire éclatant de vermillon
10 Sera le fanal de la grande hune ;
J'aurai ton ruban pour pavillon,
Et ta blanche peau pour clair de lune.

Nos vivres sont faits, et nos boissons,
Pour durer autant que le voyage :
15 Ce sont des baisers et des chansons,
Dont nous griserons tout l'équipage.

Nous aborderons je ne sais où,
Là-bas, tout là-bas, sur une grève
Du beau Pays Bleu, sous un ciel fou,
20 Dans un paradis fleuri du rêve.

Jean Richepin, *Mes Paradis*.

Comparé	Comparant
« Je » (le poète)	« un gai marin »

Comparé	Comparant
« cheveux »	« flots dorés »

24 LE RYTHME

1 LES EFFETS DE RÉPÉTITION ET DE PARALLÉLISME

L'une des caractéristiques de la poésie est le parallélisme, c'est-à-dire un système de répétitions et de correspondances de structures au niveau des :
– sons (rimes, allitération, assonances) ;
– structures syntaxiques (mêmes types de phrases) ;
– sens.
Ces effets de répétition peuvent souligner le rythme d'un poème.

▶ En utilisant le même type de repérage que dans les premiers vers du poème, poursuivez la recherche des différents types de répétition :
⬭ phonique ;
------ syntaxique ;
—— sémantique.

Il était une feuille avec ses lignes
Ligne de vie
Ligne de chance
Ligne de cœur
5 Il était une branche au bout de la feuille
Ligne fourchue signe de vie
Signe de chance
Signe de cœur
Il était un arbre au bout de la branche
10 Un arbre digne de vie
Digne de chance
Digne de cœur
Cœur gravé, percé, transpercé,
Un arbre que nul jamais ne vit.
15 Il était des racines au bout de l'arbre
Racines vignes de vie
Vignes de chance
Vignes de cœur
Au bout des racines il était la terre
20 La terre tout court
La terre toute ronde
La terre toute seule au travers du ciel
La terre.

Robert Desnos, *Fortunes*, 1930, Éd. Gallimard.

2 LES ACCENTS ET LES COUPES

Le rythme est basé sur le retour d'accents toniques à intervalles plus ou moins réguliers. Ceux-ci portent sur la dernière syllabe, ou sur l'avant-dernière si la dernière est un « e » muet, du mot le plus important d'un vers ou d'un groupe de mots. Chaque accent est suivi d'une coupe.

▶ Les coupes et les accents ont été indiqués dans les trois premiers vers du poème.
Dans la suite du poème, notez les accents toniques et délimitez les coupes.

Comme un jet d'eau de joíe / tes cheveux m'éclaboússent, /
Je suis tout ruisselánt / de leur divin baisér, /
Ils coulént / sur mes mains, / sur mes brás, / sur ma bóuche
En un long tressaillement / qui ne peut se calmer. /
5 Ils coul / ent et ils ruissell / ent en serpent d'étincelles, /
Tremblent, s'égouttent, et pleurent, quand mes mains inquiètes
Y passent lentement le peigne de l'amour
Qui reste tout incrusté d'un cliquetis de perles...
En gouttelettes, en fusées de lumières
10 Monte, tombe et remonte le jeu de tes cheveux
Je suis tout ruisselant de leur divin baiser
Comme un jet d'eau de joie tes cheveux m'éclaboussent.

Blaise Cendrars, *Séquences*, 1910-1912, Éd. Denoël.

3 | SCHÉMAS RYTHMIQUES ET RUPTURES DE RYTHME

L'intervalle entre deux coupes est une mesure. Selon la succession et la longueur des mesures entre deux pauses, différents schémas rythmiques sont possibles :
– rythme régulier (ex. : 3 + 3 + 3 + 3 ; 4 + 4 + 4 ; 6 + 6 ;
– rythme symétrique (ex. : 4 + 2 + 2 + 4 ;
– rythme croissant (ex. : 2 + 4 + 6) ;
– rythme décroissant (ex. : 6 + 4 + 2).
Les ruptures de rythme mettent en valeur le mot accentué et en soulignent le sens.

▶ **Indiquez le schéma rythmique pour chacun des exemples suivants.**
▶ **Indiquez l'effet produit (mise en valeur d'un mot, impression d'harmonie, parallélisme ou opposiiton).**

1. « Je vís, / je meúrs : / je me brûle / et me nóye » (L. Labé)

Schéma : .... Rythme : ....

Effet produit : ....

2. « Il dort dans le soléil / la main sur la poitríne » (A. Rimbaud)

Schéma : .... Rythme : ....

Effet produit : ....

3. « Aucun mot n'est trop gránd / trop fóu / quand c'est pour élle »

(L. Aragon)

Schéma : .... Rythme : ....

Effet produit : ....

4. « Tu me vois tressaillír ; / je pâlís, / je frissónne » (A. de Lamartine)

Schéma : .... Rythme : ....

Effet produit : ....

5. « Eí, / frémissánte /, à mes baisérs / tu t'es livrée. » (Ch. Cros)

Schéma : .... Rythme : ....

Effet produit : ....

6. « Voici des fruíts, / des fleúrs, / des feuilles et des bránches

Et puis voici mon cœúr / qui ne bat que pour voús » (Verlaine)

Schéma : .... Rythme : ....

Effet produit : ....

4 | APPLICATION

▶ **Poursuivez l'étude du rythme dans chaque strophe du poème de Jules Laforgue selon le modèle donné.**
▶ **Relevez, en utilisant les mêmes repérages que dans l'exercice 1, les répétitions phoniques, sémantiques et syntaxiques.**
▶ **Faites la synthèse de votre recherche en complétant le commentaire.**

Seuls, / dans leur nid, / palais délicat de bambous, /	1-3-8
Loin des plages, / du spleen, / du tapage des gares, /	4-2-6
Et des clubs d'électeurs aux stupides bagarres, /	12
Ils s'adorent, / depuis Avril, / et font les fous ! /	4-4-4

5   Et comme ils ont tiré rideaux lourds et verrous   ....
     Et n'ont d'autre souci, parmi les fleurs bizarres, ...
     Que faire chère exquise, et fumer tabacs rares   ....
     Ils sont encore au mois des lilas fleurant doux, ...

     Cependant qu'au-dehors déjà le vent d'automne   ....
10   Dans un « profundis » sceptique et monotone   ....
     Emporte sous le ciel par les brumes sali, ...

     Les feuilles d'or des bois et les placards moroses   ....
     Jaunes, bleus, verts fielleux, écarlates ou roses, ...
     Des candidats noyés par l'averse et l'oubli.   ....

Jules Laforgue, *Premiers Poèmes*, 1885.

Jules Laforgue utilise ici des vers réguliers, des .... (vers à

.... syllabes). Ces vers sont en général rythmés à la césure.

Ce n'est pas du tout le cas ici. En effet, ...

25 L'ARCHITECTURE SONORE D'UN POÈME

1 LES RIMES

La rime est le retour régulier d'un même son à la fin de vers différents. Ces échos sonores renforcent ainsi le sens des mots en les rapprochant.

▶ Soulignez les rimes dans le poème de Guillaume Apollinaire.
▶ Complétez ensuite le tableau en indiquant le sens nouveau que chaque couple de mots apporte au poème.

Dans le brouillard s'en vont un paysan cagneux
Et son bœuf lentement dans le brouillard d'automne
Qui cache les hameaux pauvres et vergogneux

Et s'en allant là-bas le paysan chantonne
5 Une chanson d'amour et d'infidélité
Qui parle d'une bague et d'un cœur que l'on brise

Oh ! l'automne l'automne a fait mourir l'été
Dans le brouillard s'en vont deux silhouettes grises

Guillaume Apollinaire, « Automne »,
Alcools, 1913, Éd. Gallimard.

Rimes	Sens
cagneux/vergogneux	Insistance sur la pauvreté
....	....
....	....
....	....

2 LES ALLITÉRATIONS ET LES ASSONANCES

L'allitération est la répétition d'un même son de consonne à l'intérieur des vers. L'assonance est la répétition d'un même son de voyelle. Ces deux procédés créent un effet musical et contribuent à renforcer un mot ou une image.

▶ Dans les extraits ci-contre, encadrez en rouge les allitérations, en bleu les assonances. Entourez le mot mis ainsi en évidence.

Nuit
Nuit de naissance
Qui m'emplit de mon cri
De mes épis.
5 Toi qui m'envahis
Qui fait houle houle
Qui fait houle tout autour
Et fumes, es fort dense
Et mugis
10 Es la nuit.

Henri Michaux, « Dans la Nuit »,
Lointain intérieur,
Éd. Gallimard, 1938.

Les coquillages figurants
Sous les sunlights cassés liquides
Jouent de la castagnette tant
Qu'on dirait l'Espagne livide

Léo Ferré, « La Mémoire et la mer »,
La Mauvaise graine, Éditions n° 1, 1993.

Dans ce val solitaire et sombre,
Le cerf qui brame au bruit de l'eau,
Penchant ses yeux dans un ruisseau,
S'amuse à regarder son ombre.

Théophile de Viau, *Œuvres poétiques*, 1621-1624.

3 | LE JEU SUR LES SONORITÉS

▶ Avec des couleurs différentes, soulignez dans l'extrait ci-contre les différents réseaux de sonorités.
▶ Montrez que cette forme de poésie repose sur le jeu : jeu sur les sonorités et sur le sens des mots. Rédigez votre réponse.

À mi-chemin de la cage au cachot la langue française a cageot, simple caissette à claire-voie vouée au transport de ces fruits qui de la moindre suffocation font à coup sûr une maladie.

Agencé de façon qu'au terme de son usage il puisse être brisé sans effort, il ne sert pas deux fois.

Ainsi dure-t-il moins encore que les denrées fondantes ou nuageuses qu'il enferme.

À tous les coins de rues qui aboutissent aux halles, il luit alors de l'éclat sans vanité du bois blanc. Tout neuf encore, et légèrement ahuri d'être dans une pose maladroite à la voirie jeté sans retour, cet objet est en somme des plus sympathiques, – sur le sort duquel il convient toutefois de ne s'appesantir longuement.

Francis Ponge, « Le Cageot », *Le Parti pris des choses*, 1942, Éd. Gallimard.

Votre réponse : ....

....

....

4 | APPLICATION

▶ Faites l'analyse de l'extrait ci-contre en montrant comment rimes et sonorités reproduisent l'angoisse du poète.

Cœur qui as tant rêvé,
Ô cœur charnel,
Ô cœur inachevé,
Cœur éternel.

5 Cœur qui as tant battu,
D'amour, d'espoir,
Ô cœur trouveras-tu
La paix du soir.

Cœur tant de fois pétri,
10 Ô pain du jour,
Cœur tant de fois meurtri,
Levain d'amour

Cœur qui as tant battu,
D'amour, de haine,
15 Cœur tu ne battras plus
De tant de peine. [...]

Charles Péguy, « La Ballade du cœur qui a tant battu »
Œuvres poétiques, 1941, Éd. Gallimard.

Votre analyse : le thème du cœur est au centre du poème de Charles Péguy, par la répétition insistante du mot, mais également par les sonorités. En effet, ...

....

....

....

....

LES FIGURES DE STYLE

1 | LES PROCÉDÉS D'OPPOSITION

▶ À l'aide des textes de la page de droite, remplissez la colonne des exemples. Précisez à chaque fois le nom de l'auteur cité.

▶ Inventez un exemple pour chacun des procédés repérés.

Figures	Définitions	Effets de	Exemples
l'antithèse	oppose deux mots ou deux expressions contraires « Paris est tout petit / C'est là sa vraie grandeur » (Prévert)	mise en relief d'un conflit entre deux personnages ou deux réalités, deux sentiments	....
l'oxymore	rapproche dans une même unité grammaticale deux mots qui s'opposent : « Un mort vivant »	mise en relief d'une image neuve, étonnante par la présence de deux mots qui se contredisent	....
le chiasme	regroupe des énoncés symétriques mais inversés « Des cadavres dessous et dessus des fantômes » (Hugo)	mise en relief de similitudes et d'oppositions	....

2 | LES PROCÉDÉS D'INSISTANCE

▶ À l'aide des textes de la page de droite, remplissez la colonne des exemples. Précisez à chaque fois le nom de l'auteur cité.

Figures	Définitions	Effets de	Exemples
le parallélisme de construction	reprend la même structure syntaxique à l'intérieur de deux énoncés	harmonie, équilibre, création d'un rythme équilibré	....
l'accumulation l'énumération	ajoute l'un après l'autre des mots, des expressions de même nature et de même fonction séparés par une virgule	amplification abondance	....
l'anaphore	répète un mot ou un groupe de mots en début de phrases, de vers, de paragraphes	martèlement lyrique, tragique, humoristique	....
l'hyperbole	amplifie, exagère une notion, une idée	ironie, persuasion, volonté de traduire une émotion forte	....

Texte 1

J'étais très heureux insouciant
Je croyais jouer aux brigands
Nous avions volé le trésor de Golconde
Et nous allions, grâce au Transsibérien, le cacher de
    l'autre côté du monde
Je devais le défendre contre les voleurs de l'Oural qui
    avaient attaqué les saltimbanques de Jules Verne
Contre les khoungouzes, les boxers de la Chine
Et les enragés petits mongols du Grand-Lama
Alibaba et les quarante voleurs
Et les fidèles du terrible Vieux de la montagne

      Blaise Cendrars, *La Prose du Transsibérien*, 1913, Éd. Denoël.

Texte 2

Puisque l'espoir serein dans mon âme est vaincu ;
Puisqu'en cette saison des parfums et des roses,
Ô ma fille ! j'aspire à l'ombre où tu reposes,
Puisque mon cœur est mort, j'ai bien assez vécu.

      Victor Hugo, *Les Contemplations*, 1856.

Texte 3

  Elle est elle, et plus que belle ; elle est surprenante. En elle le noir abonde ; et tout ce qu'elle inspire est nocturne et profond. Ses yeux sont deux antres où scintille vaguement le mystère, et son regard illumine comme l'éclair : c'est une explosion dans les ténèbres.

  Je la comparerais à un soleil noir, si l'on pouvait concevoir un astre noir versant la lumière et le bonheur.

      Charles Baudelaire, *Le Spleen de Paris*, 1862.

Texte 4

Plus me plaît le séjour qu'ont bâti mes aïeux
Que des palais romains le front audacieux ;
Plus que le marbre dur me plaît l'ardoise fine,

Plus mon Loire gaulois que le Tibre latin,
Plus mon petit Liré que le mont Palatin,
Et plus que l'air marin la douceur angevine.

      Joachim Du Bellay, *Les Regrets*, 1558.

Vos exemples inventés

Une antithèse : ....

Un oxymore : ....

Un chiasme : ....

3   APPLICATION

▶ Relevez dans le poème de Rimbaud les figures de style mentionnées en page de gauche.
▶ Sur une feuille, analysez chaque procédé de style : expliquez quel est l'effet produit par son utilisation.

Tandis que les crachats rouges de la mitraille
Sifflent tout le jour par l'infini du ciel bleu ;
Qu'écarlates ou verts, près du roi qui les raille,
Croulent les bataillons en masse dans le feu ;

5 Tandis qu'une folie épouvantable broie
Et fait de cent milliers d'hommes un tas fumant ;
– Pauvres morts ! dans l'été, dans l'herbe, dans ta joie,
Nature ! ô toi qui fis ces hommes saintement ! ... –

– Il est un Dieu, qui rit aux nappes damassées
10 Des autels, à l'encens, aux grands calices d'or ;
Qui dans le bercement des hosannah s'endort,

Et se réveille, quand des mères, ramassées
Dans l'angoisse, et pleurant sous leur vieux bonnet noir,
Lui donnent un gros sou lié dans leur mouchoir !

      Arthur Rimbaud, *Poésies*, 1870-1871.

27 LES MODES D'EXPOSITION

1 L'ATMOSPHÈRE

Deux modes d'exposition sont possibles au théâtre : l'exposition par monologue ou par dialogue. Dans les deux cas, l'exposition fixe le cadre de l'intrigue et met en place l'atmosphère de la pièce.

▶ Soulignez en rouge les mots et expressions qui renseignent le spectateur sur le rôle des différents personnages.
▶ Soulignez en bleu les paroles appartenant au vocabulaire familier.
▶ Encadrez les répliques donnant à la scène une atmosphère comique.
▶ Complétez la liste des personnages.
▶ Rédigez un paragraphe présentant les caractéristiques de cette scène d'exposition.

SCÈNE PREMIÈRE
VIRGINIE, FÉLIX

VIRGINIE, *à Félix qui cherche à l'embrasser.* – Non, laissez-moi, monsieur Félix !... Je n'ai pas le temps de jouer.
FÉLIX. – Rien qu'un baiser ?
VIRGINIE. – Je ne veux pas !...
5 FÉLIX. – Puisque je suis de votre pays... je suis de Rambouillet...
VIRGINIE. – Ah ! ben ! s'il fallait embrasser tous ceux qui sont de Rambouillet !...
FÉLIX. – Il n'y a que quatre mille habitants.
VIRGINIE. – Il ne s'agit pas de ça... M. Fadinard, votre bourgeois, se marie
10 aujourd'hui... vous m'avez invitée à venir voir la corbeille... voyons la corbeille !...
FÉLIX. – Nous avons bien le temps... Mon maître est parti, hier soir, pour aller signer son contrat chez le beau-père... il ne revient qu'à onze heures, avec toute sa noce, pour aller à la mairie.
15 VIRGINIE. – La mariée est-elle jolie ?
FÉLIX. – Peuh !... je lui trouve l'air godiche ; mais elle est d'une bonne famille... c'est la fille d'un pépiniériste de Charentonneau... le père Nonancourt.
VIRGINIE. – Dites donc, monsieur Félix... si vous entendez dire qu'elle ait
20 besoin d'une femme de chambre... pensez à moi.
FÉLIX. – Vous voulez donc quitter votre maître... M. Beauperthuis ?
VIRGINIE. – Ne m'en parlez pas... c'est un acariâtre, premier numéro... Il est grognon, maussade, sournois, jaloux... et sa femme donc !... Certainement, je n'aime pas à dire du mal des maîtres...
25 FÉLIX. – Oh ! non !...
VIRGINIE. – Une chipie ! une bégueule, qui ne vaut pas mieux qu'une autre.
FÉLIX. – Parbleu !
VIRGINIE. – Dès que monsieur part... crac ! elle part... et où va-
30 t-elle ?... elle ne me l'a jamais dit... jamais !...
FÉLIX. – Oh ! vous ne pouvez pas rester dans cette maison-là.
VIRGINIE, *baissant les yeux.* – Et puis, ça me ferait tant de plaisir de servir avec quelqu'un de Rambouillet...
FÉLIX, *l'embrassant.* – Seine-et-Oise !

Eugène Labiche, *Un chapeau de paille d'Italie,* 1851.

Liste des personnages :
VIRGINIE : bonne chez Beauperthuis
FÉLIX :
FADINARD :
NONANCOURT :
BEAUPERTHUIS :

Votre analyse : Dès la scène d'exposition d'*Un chapeau de paille d'Italie*, Eugène Labiche met en place l'atmosphère du vaudeville. Pour cela,

....

....

....

....

2 | L'INTRIGUE

L'auteur doit fournir toutes les bases de l'intrigue dès les premières scènes. Le passé, le présent et l'avenir des personnages sont évoqués. L'avenir se présente sous la forme d'un problème qu'il va falloir résoudre.

▶ Encadrez le nom des personnages présents ou évoqués dans l'extrait ci-contre.
▶ Soulignez en rouge toutes les indications portant sur le passé de l'action, en bleu celles portant sur son présent, en noir celles portant sur l'avenir.
▶ Rédigez un paragraphe de commentaire.

ALBINE

Quoi ! tandis que Néron s'abandonne au sommeil,
Faut-il que vous veniez attendre son réveil ?
Qu'errant dans le palais sans suite et sans escorte,
La mère de César veille seule à sa porte ?
5 Madame, retournez dans votre appartement.

AGRIPPINE

Albine, il ne faut pas s'éloigner un moment.
Je veux l'attendre ici. Les chagrins qu'il me cause
M'occuperont assez tout le temps qu'il repose.
Tout ce que j'ai prédit n'est que trop assuré.
10 Contre Britannicus Néron s'est déclaré.
L'impatient Néron cesse de se contraindre ;
Las de se faire aimer, il veut se faire craindre.
Britannicus le gêne, Albine, et chaque jour
Je sens que je deviens importune à mon tour.

Jean Racine, *Britannicus*, Acte I, scène 1, 1669.

3 | APPLICATION

▶ Encadrez les informations de lieu dans le texte ci-contre.
▶ Soulignez en bleu les indications données par les personnages sur leur situation ; en rouge, celles portant sur d'autres personnages.
▶ Déterminez le champ lexical dominant de l'extrait et soulignez de deux traits les termes qui le composent.
▶ Rédigez un paragraphe qui fera la synthèse de votre analyse.

JOCASTE

Ils sont sortis, Olympe ? Ah ! mortelles douleurs !
Qu'un moment de repos va me coûter de pleurs !
Mes yeux depuis six mois étaient ouverts aux larmes,
Et le sommeil les ferme en de telles alarmes ?
5 Puisse plutôt la mort les fermer pour jamais,
Et m'empêcher de voir le plus noir des forfaits !
Mais en sont-ils aux mains ?

OLYMPE

　　　　　　Du haut de la muraille,
Je les ai vus déjà tous rangés en bataille ;
J'ai vu déjà le fer briller de toutes parts ;
10 Et pour vous avertir j'ai quitté les remparts.
J'ai vu, le fer en main, Étéocle lui-même ;
Il marche des premiers, et d'une ardeur extrême
Il montre aux plus hardis à braver le danger.

JOCASTE

N'en doutons plus, Olympe, ils se vont égorger.

Jean Racine, *La Thébaïde ou les Frères ennemis*,
Acte I, scène 1, 1664.

Votre synthèse : ....
....
....
....
....
....

LA PROGRESSION DRAMATIQUE

1 | LE CONFLIT

Le conflit repose sur un désaccord dont l'enjeu est vital pour la progression dramatique de la pièce :
– opposition entre des projets personnels (conflit d'intérêts) ;
– opposition entre deux conceptions du monde (conflit de valeurs).

▶ **Remplissez le tableau après la lecture du texte.**

DORA. – L'Organisation perdrait ses pouvoirs et son influence si elle tolérait, un seul moment, que des enfants fussent broyés par nos bombes.

STEPAN. – Je n'ai pas assez de cœur pour ces niaiseries. Quand nous nous déciderons à oublier les enfants, ce jour-là, nous serons les maîtres du
5 monde et la révolution triomphera.

DORA. – Ce jour-là, la révolution sera haïe de l'humanité entière.

STEPAN. – Qu'importe si nous l'aimons assez fort pour l'imposer à l'humanité entière et la sauver d'elle-même et de son esclavage.

DORA. – Et si l'humanité entière rejette la révolution ? Et si le peuple
10 entier, pour qui tu luttes, refuse que ses enfants soient tués ? Faudra-t-il le frapper aussi ?

STEPAN. – Oui, s'il le faut, et jusqu'à ce qu'il comprenne. Moi aussi, j'aime le peuple.

DORA. – L'amour n'a pas ce visage.

Albert Camus, *Les Justes*, Acte II, 1949, Éd. Gallimard.

Objet du conflit	....
Position des personnages	Dora .... Stepan ....
Type de conflit	....

2 | LE QUIPROQUO

Le quiproquo est une confusion qui peut porter sur un objet, un lieu ou un personnage. Il provoque la surprise des personnages et l'amusement du spectateur qui est le seul à comprendre les ficelles de l'intrigue.

▶ **Mettez entre crochets le passage dans lequel survient le quiproquo.**
▶ **Soulignez les apartés.**
▶ **Encadrez les mots marquant la surprise de chaque personnage.**
▶ **Rédigez un paragraphe justifiant le titre de la pièce.**

LUCIENNE. – Prenez garde, monsieur ! Je voulais éviter un esclandre, mais puisque vous ne voulez pas partir, je vais appeler mon mari.

PONTAGNAC. – Tiens ! Vous avez un mari ?

LUCIENNE. – Parfaitement, monsieur !

5 PONTAGNAC. – C'est bien ! Laissons cet imbécile de côté.

LUCIENNE. – Imbécile ! mon mari !

PONTAGNAC. – Les maris des femmes qui nous plaisent sont toujours des imbéciles.

LUCIENNE, *remontant*. – Eh bien ! vous allez voir comment cet imbécile va
10 vous traiter ! Vous ne voulez pas sortir ?...

PONTAGNAC. – Moins que jamais.

LUCIENNE, *appelant à droite*. – C'est très bien !... Crépin !...

PONTAGNAC. – Oh ! vilain nom !...

LUCIENNE. – Crépin !...

15 VATELIN. – Tu m'appelles ? ma chère amie...

PONTAGNAC, *à part*. – Vatelin ! fichtre !

VATELIN, *reconnaissant Pontagnac*. – Ah ! tiens ! Pontagnac ! ce cher ami !

LUCIENNE. – Hein !

PONTAGNAC. – Ce bon Vatelin !

20 VATELIN. – Ça va bien ?

PONTAGNAC. – Mais très bien !

LUCIENNE, *à part*. – Il le connaît.

Georges Feydeau, *Le Dindon*, Acte I, scènes 1 et 2, 1896.

3 | LE COUP DE THÉÂTRE

Le coup de théâtre est un événement imprévu qui bouleverse la situation dramatique.

▶ Soulignez en bleu les mots qui indiquent la position des personnages sur la scène ; en rouge, les mots qui indiquent leurs sentiments.

▶ Remplissez le tableau puis complétez l'analyse.

	LA REINE	Que voulez-vous ?
	RUY BLAS,	*à genoux, joignant les mains.*
		Que vous me pardonniez, madame !
	LA REINE	Jamais.
5	RUY BLAS	Jamais !
		Il se lève et marche lentement vers la table.
		Bien sûr ?
	LA REINE	Non, jamais !
	RUY BLAS,	*il prend la fiole posée sur la table, la porte à ses lèvres et la vide d'un*
10		*trait.*
		Triste flamme,
		Éteins-toi !
	LA REINE,	*se levant et courant à lui.*
		Que fait-il ?
15	RUY BLAS,	*posant la fiole.*
		Rien. Mes maux sont finis.
		Rien. Vous me maudissez, et moi je vous bénis.
		Voilà tout.
	LA REINE,	*éperdue.*
20		Don César !
	RUY BLAS	Quand je pense, pauvre ange,
		Que vous m'avez aimé !
	LA REINE	Quel est ce philtre étrange ?
		Qu'avez-vous fait ? Dis-moi ! réponds-moi ! parle-moi !
25		César ! je te pardonne et t'aime, et je te crois !
	RUY BLAS	Je m'appelle Ruy Blas.
	LA REINE	*l'entourant de ses bras.*
		Ruy Blas, je vous pardonne !
		Mais qu'avez-vous fait là ? Parle, je te l'ordonne !
30		Ce n'est pas du poison, cette affreuse liqueur ?
		Dis ?
	RUY BLAS	Si ! c'est du poison. Mais j'ai la joie au cœur.

Victor Hugo, *Ruy Blas*, Acte V, scène 4, 1838.

Personnages	Avant le coup de théâtre	Après le coup de théâtre
Ruy Blas	« triste flamme » (l. 11)	« joie au cœur » (l. 32)
La Reine		

Ruy Blas, de Victor Hugo, s'achève sur un coup de théâtre. Ainsi, ...

57

29 LA PAROLE SUR SCÈNE

1 LA DOUBLE ÉNONCIATION

Sur scène, un personnage parle à un autre personnage. Mais il s'adresse aussi indirectement au public. On parle alors d'une double énonciation. Par conséquent, une réplique possède un sens pour le personnage qui l'entend, mais la signification peut être différente pour le spectateur qui en sait souvent plus que chaque personnage.

▶ Analysez la réplique « Oh moi !... » pour préciser le sens qu'elle prend pour Susanna et pour le public.

CANDIDA. – Vous croyez, vous, que le Signor Evaristo pourrait avoir de l'attachement pour Giannina ?

SUSANNA. – Moi, je ne sais rien, je ne m'occupe pas des affaires des autres, et je ne pense du mal de personne, mais l'hôtelier et le cordonnier, s'ils
5 sont jaloux de lui, ils doivent bien avoir leurs raisons.

CANDIDA *(À part)*. – Pauvre fille que je suis ! Ce qu'elle dit n'est que trop vrai, pour mon malheur !

SUSANNA. – Pardonnez-moi, je ne voudrais pas avoir commis un impair.

CANDIDA. – À propos de quoi ?

10 SUSANNA. – Je ne voudrais pas que vous, vous ayez un faible pour le Signor Evaristo...

CANDIDA. – Oh moi ! pas le moins du monde. Je le connais parce qu'il vient parfois à la maison ; c'est un ami de ma tante.

SUSANNA. – Je vais être franche. *(À part)* Je ne crois pas qu'elle puisse s'en
15 offenser. *(Haut)* Je croyais presque qu'entre le Signor Evaristo et vous, il y avait un sentiment... un sentiment honnête et permis, mais depuis qu'il est venu chez moi ce matin, je suis bien détrompée.

Carlo Goldoni, L'Éventail, Acte II, scènes 2 et 3, 1763,
texte français de Ginette Herry, Éd. L'Avant-Scène Théâtre, n° 863.

Susanna : ....

....

« Oh moi ! pas le moins du monde... »

Le public : ....

....

.

2 LE DIALOGUE, LA RÉPLIQUE ET LA TIRADE

Le dialogue est un échange entre deux ou plusieurs personnages sous forme de répliques. Celles-ci permettent de découvrir la situation, de comprendre la nature des relations entre les personnages. La tirade est une longue réplique d'un dialogue qui cherche à convaincre ou à écraser l'adversaire.

▶ Pour analyser la tirade, encadrez l'expression qui vous renseigne sur les intentions de Lorenzo. Soulignez les mots ou expressions qui vous renseignent sur sa situation :
—— : l'avenir ;
.... : le passé ;
----- : le présent.

▶ Expliquez quelles sont les intentions et les motivations du héros.

LORENZO. – Tu me demandes pourquoi je tue Alexandre ? Veux-tu donc que je m'empoisonne, ou que je saute dans l'Arno ? Veux-tu donc que je sois un spectre, et qu'en frappant sur ce squelette... *(il frappe sa poitrine)* il n'en sorte aucun son ? Si je suis l'ombre de moi-même, veux-tu donc que
5 je rompe le seul fil qui rattache aujourd'hui mon cœur à quelques fibres de mon cœur d'autrefois ? Songes-tu que ce meurtre, c'est tout ce qui me reste de ma vertu ? Songes-tu que je glisse depuis deux ans sur un rocher taillé à pic, et que ce meurtre est le seul brin d'herbe où j'aie pu cramponner mes ongles ? Crois-tu donc que je n'aie plus d'orgueil, parce
10 que je n'ai plus de honte, et veux-tu que je laisse mourir en silence l'énigme de ma vie ?

Alfred de Musset, Lorenzaccio, Acte III, scène 3, 1834.

Votre réponse : ....

....

....

....

....

....

....

58

3 | LE MONOLOGUE ET L'APARTÉ

Le monologue est le discours d'un personnage qui semble se parler à lui-même. Il rapporte des événements qui se sont déroulés auparavant ou il exprime un conflit intérieur. L'aparté est le commentaire de l'action à haute voix par un personnage. Bref, intégré au dialogue, il signale la véritable intention du personnage, communique un sentiment...

▶ **Dans les deux extraits proposés, expliquez la fonction précise de l'aparté et du monologue.**

La porte du fond s'ouvre. On voit paraître Gennaro désarmé entre deux pertuisaniers.

DONA LUCREZIA, *à part.* – Gennaro !

DON ALPHONSE, *s'approchant d'elle, bas et avec un sourire.* – Est-ce que vous connaissez cet homme ?

DONA LUCREZIA, *à part.* – C'est Gennaro ! – Quelle fatalité, mon Dieu ! *Elle le regarde avec angoisse. Il détourne les yeux.*

Victor Hugo, Lucrèce Borgia, 1833.

Fonction : ....

....

FIGARO, *seul, se promenant dans l'obscurité dit du ton le plus sombre.* – Parce que vous êtes un grand seigneur, vous vous croyez un grand génie !... noblesse, fortune, un rang, des places ; tout cela rend si fier ! Qu'avez-vous fait pour tant de biens ! vous vous êtes donné la peine de naître, et rien de plus.

Beaumarchais, Le Mariage de Figaro, 1784.

Fonction : ....

....

4 | APPLICATION

▶ **Lisez l'extrait ci-contre. Complétez la présentation du passage étudié en vous appuyant sur les pistes données par le fléchage.**
▶ **Rédigez sur une feuille à part un paragraphe présentant les fonctions de la parole dans l'extrait étudié. Vous appuierez votre analyse sur des citations extraites de cette scène.**

CHIQUETTE
seule, brossant un habit.

On peut dire que voilà un drap moelleux... on voit bien que c'est un habit de prétendu... ah ! c'est que je m'y connais... depuis quelque temps, le prétendu se brosse beaucoup dans
5 cette maison !... Ces pauvres jeunes gens... ils arrivent tout pimpants, ils se croient sûrs de leur affaire... et au bout de quelques jours... v'lan ! monsieur de Vancouver les fiche à la porte comme si c'étaient des orgues de Barbarie !... et
10 mademoiselle Isménie reste fille ! *(Posant l'habit sur une chaise, près de la porte à droite.)* Voilà toujours l'habit du jeune homme... Il dort encore... C'est pas étonnant, il est arrivé hier soir de Paris... aujourd'hui, Monsieur lui fera voir la
15 cathédrale... demain, l'embarcadère du chemin de fer... et après-demain, bon voyage, monsieur Dumollet.

VANCOUVER,
*ouvrant mystérieusement
la porte vitrée de gauche.*
Chiquette ! Chiquette !

CHIQUETTE, *à part.*
Tiens ! Monsieur qui est déjà levé !

Eugène Labiche, Mon Isménie, 1852.

Cette .... précise l'action, Chiquette est une servante.

Le .... de Chiquette permet d'informer le public sur la situation.

L' .... souligne peut-être une ironie.

La .... de Chiquette indique le contexte. En disant « Monsieur », on sait qu'il s'agit d'un monde bourgeois.

30 LE DÉNOUEMENT

1 LA FONCTION DU DÉNOUEMENT

Le dénouement est la résolution, tragique ou heureuse, du conflit. Il fait passer du malheur au bonheur, ou vice versa. Le plus souvent, il est provoqué par une intervention extérieure.

▶ Soulignez en rouge, dans le texte ci-contre, les termes du champ lexical dominant : celui de la mort.
▶ Soulignez en bleu les interventions du valet, Sganarelle, qui tentent de faire oublier le caractère tragique du dénouement.
▶ Complétez l'analyse.

LA STATUE. – Arrêtez, Dom Juan : vous m'avez hier donné parole de venir manger avec moi.
DOM JUAN. – Oui. Où faut-il aller ?
LA STATUE. – Donnez-moi la main.
5 DOM JUAN. – La voilà.
LA STATUE. – Dom Juan, l'endurcissement au péché traîne une mort funeste, et les grâces du Ciel que l'on renvoie ouvrent un chemin à sa foudre.
DOM JUAN. – Ô Ciel ! que sens-je ? Un feu invisible me brûle, je n'en puis
10 plus, et tout mon corps devient un brasier ardent. Ah !
(Le tonnerre tombe avec un grand bruit et de grands éclairs sur Dom Juan ; la terre s'ouvre et l'abîme ; et il sort de grands feux de l'endroit où il est tombé.)
SGANARELLE. – Ah ! mes gages ! mes gages !... Voilà par sa mort un chacun satisfait : Ciel offensé, lois violées, filles séduites, familles déshonorées,
15 parents outragés, femmes mises à mal, maris poussés à bout, tout le monde est content. Il n'y a que moi seul de malheureux... Mes gages, mes gages, mes gages !

Molière, Dom Juan, Acte V, scène 6, 1665.

Malgré le caractère tragique du dénouement de *Dom Juan*, la pièce reste une comédie. En effet, si d'un côté ....
...., de l'autre, ...
....

2 LES TYPES DE DÉNOUEMENTS

– Le dénouement-résolution : les problèmes que rencontraient les personnages disparaissent.
– Le dénouement-ouverture : la fin de l'intrigue coïncide avec le début d'une nouvelle histoire.
– Le dénouement-anéantissement : l'histoire s'achève sans aucune perspective d'avenir.

▶ Lisez et classez les dénouements ci-contre en fonction de leur type.
▶ Complétez le tableau.

Texte 1

CORDENBOIS. – Quelle chance de vous avoir rencontré !
FÉLIX. – Je vous cherche depuis hier, dans tous les monuments. Cette nuit, je suis allé au bal de l'Opéra, espérant vous y trouver.
BLANCHE, *à Félix*. – Et vous en sortez à neuf heures ?
5 FÉLIX. – Oh non !... je sors de chez le commissaire.
TOUS. – Comment ?
CHAMPBOURCY. – Lui aussi !
FÉLIX. – Il faut vous dire que cette nuit, dans un couloir, je me suis trouvé face à face avec mon voleur.
10 TOUS. – Quel voleur ?
FÉLIX. – Celui qui m'avait pris ma montre... hier, sur le boulevard.
CHAMPBOURCY, *étonné*. – Tiens !
FÉLIX. – Je l'ai fait arrêter, mais il n'a pas pu me la rendre, vu qu'il l'avait jetée dans le parapluie d'un imbécile qui regardait les gravures.
15 CHAMPBOURCY. – Dans le mien ! c'était moi !
TOUS. – C'était lui !
COLLADAN. – Ah ! cette fois, nous sommes sauvés !
CHAMPBOURCY. – Notre innocence sera reconnue !
CORDENBOIS. – On nous rendra la cagnotte.
20 CHAMPBOURCY. – Mon ami, je vous donne ma fille...
FÉLIX, *remerciant*. – Ah ! monsieur !
CHAMPBOURCY. – Avez-vous de l'argent ?
FÉLIX. – Toujours !
CHAMPBOURCY. – Très bien, nous allons commencer par déjeuner.

Eugène Labiche, La Cagnotte, Acte V, scène 7, 1864.

Texte 2

LOUIS. – Pourquoi veux-tu de moi ? Tu as peur d'être seule ?

MAUD. – Non. J'ai pensé tout le temps, pendant ces damnées vacances, que je t'aimais beaucoup. C'est tout. Je t'ai trouvé très – euh… très convenable.

LOUIS. – Voici une des déclarations d'amour les plus enflammées que j'aie

5 reçues de ma vie.

MAUD. – Je vais peut-être aller me recoucher. Tu aimes comme quartier, avenue d'Iéna ?

LOUIS. – Ça m'est complètement égal.

MAUD. – Bon. Je crois que je vais vendre cette maison.

10 LOUIS. – Je crois que tu as raison. Tu vas vendre la maison et casser le disque.

MAUD. – Oui. Tout à l'heure.

(À la porte, elle se retourne.)

Finalement, c'était une bonne idée, ces vacances, non ?

(Louis lève son verre vers elle. Elle sourit et sort.)

Françoise Sagan, *Un piano dans l'herbe*, Acte II, scène 3, 1970, Éd. Flammarion.

Texte 3

JOSEPH. – Même si elle vous aimait. Même si son espoir était le vôtre et si elle a pleuré les enfants de la plaine, elle est restée une étrangère à votre pays.

Temps.

Nous sommes restés des étrangers à votre pays.

5 Elle sera enterrée dans le cimetière colonial de Saïgon.

Marguerite Duras, *L'Eden Cinéma*, Deuxième partie, 1977, Éd. Mercure de France.

	Type de dénouement	Justification
Texte 1	....	....
Texte 2	....	....
Texte 3	....	....

3 | APPLICATION

Dans la construction théâtrale classique, le dénouement forme le troisième et dernier terme de la composition dramatique (le premier est l'exposition, le second est le nœud dramatique).

▶ **Lisez la définition ci-contre. Soulignez en rouge les mots qui définissent les caractéristiques du dénouement, en bleu ceux qui définissent l'effet produit sur le spectateur.**

▶ **Complétez l'analyse.**

Que le trouble, toujours croissant de scène en scène,
À son comble arrivé se débrouille sans peine.
L'esprit ne se sent point plus vivement frappé
Que lorsque en un sujet d'intrigue enveloppé,
5 D'un secret tout à coup la vérité connue
Change tout, donne à tout une face imprévue.

Nicolas Boileau, *L'Art poétique*, 1674.

Selon Boileau, le dénouement possède deux caractéristiques essentielles.

D'une part, il doit ....

....

De l'autre, ...

.... Ainsi, il peut « frapper

l'esprit », c'est-à-dire produire une morale pratique et simple, en accord

avec les règles du théâtre classique.

LE TON

1 LE TON COMIQUE

Il provoque l'amusement, vise à faire rire mais aussi parfois à ridiculiser. Les procédés utilisés sont variés : jeux de mots, de sonorités, répétitions, énumérations, comparaisons amusantes, noms propres inventés, exagérations, rapprochement de niveaux de langue opposés.

▶ Indiquez quel type de comique est utilisé dans le passage.
▶ Relevez dans l'extrait ci-contre des illustrations des procédés comiques :

☐ : comparaison amusante ;
=== : nom inventé ;
----- : exagération.

SCÈNE VI. – CLÉONTE, *en turc, avec trois pages portant sa veste*,
MONSIEUR JOURDAIN, COVIELLE, *déguisé*.

CLÉONTE. – *Ambousahim oqui boraf, Jordina, salamalequi.*

COVIELLE, *à M. Jourdain*. – C'est-à-dire : « Monsieur Jourdain, votre cœur soit toute l'année comme un rosier fleuri. » Ce sont façons de parler obligeantes de ces pays-là.

5 MONSIEUR JOURDAIN. – Je suis très humble serviteur de Son Altesse Turque.

COVIELLE. – *Carigar camboto oustin moraf.*

CLÉONTE. – *Oustin yoc catamalequi basum base alla moran.*

COVIELLE. – Il dit que le ciel vous donne la force des lions et la prudence
10 des serpents.

MONSIEUR JOURDAIN. – Son Altesse Turque m'honore trop, et je lui souhaite toutes sortes de prospérités.

COVIELLE. – *Ossa binamen sadoc babally oracaf ouram.*

CLÉONTE. – *Bel-men.*

15 COVIELLE. – Il dit que vous alliez vite avec lui vous préparer pour la cérémonie, afin de voir ensuite votre fille et de conclure le mariage.

MONSIEUR JOURDAIN. – Tant de choses en deux mots ?

COVIELLE. – Oui ; la langue turque est comme cela, elle dit beaucoup en peu de paroles. Allez vite où il souhaite.

Molière, *Le Bourgeois Gentilhomme*, 1670.

Comique de situation ☐ . Comique de paroles ☐ .
Comique de geste ☐ . Comique de caractère ☐ .

2 LE TON TRAGIQUE

L'émotion qu'il suscite naît de la conviction intime qu'il n'y a plus d'issue. Le ton tragique exprime le pessimisme, la noirceur d'un destin fatal débouchant sur la mort, au moyen de différents procédés : champs lexicaux de la mort, de la souffrance, des passions destructrices (la haine, l'amour, la jalousie...), des sentiments héroïques ; alexandrins ; rythme ample.

▶ Relevez dans l'extrait ci-contre des illustrations des procédés :
=== : réseau lexical de la mort ;
----- : réseau lexical de la souffrance ;
☐ : fonction émotive du langage (exclamation, interrogation...) ;
[...] : mots indiquant la jalousie et la haine.

PHÈDRE

Ils s'aiment ! Par quel charme ont-ils trompé mes yeux ?
Comment se sont-ils vus ? Depuis quand ? Dans quels lieux ?
Tu le savais. Pourquoi me laissais-tu séduire ?
De leur furtive ardeur ne pouvais-tu m'instruire ?
5 Les a-t-on vus souvent se parler, se chercher ?
Dans le fond des forêts allaient-ils se cacher ?
Hélas ! ils se voyaient avec pleine licence.
Le ciel de leurs soupirs approuvait l'innocence ;
Ils suivaient sans remords leur penchant amoureux ;
10 Tous les jours se levaient clairs et sereins pour eux.
Et moi, triste rebut de la nature entière,
Je me cachais au jour, je fuyais la lumière :
La mort est le seul Dieu que j'osais implorer.
J'attendais le moment où j'allais expirer ;
15 Me nourrissant de fiel, de larmes abreuvée,
Encor dans mon malheur de trop près observée,
Je n'osais dans mes pleurs me noyer à loisir ;
Je goûtais en tremblant ce funeste plaisir ;
Et sous un front serein déguisant mes alarmes,
20 Il fallait bien souvent me priver de mes larmes.

Jean Racine, *Phèdre*, 1677.

3 APPLICATION

Le drame romantique mélange les genres, le comique et le tragique.

▶ **Recherchez dans chacun des extraits d'*Hermani* et de *Ruy Blas* les caractéristiques du ton tragique ◯ et du ton comique =====.**

▶ **Dans un paragraphe rédigé, expliquez quel ton adopte chacun des extraits. Vous illustrerez votre propos au moyen d'exemples pris dans chacun des textes.**

DON GURITAN
Je suis furieux !

DON CÉSAR
N'est-ce pas ?
Moi, je suis enragé !

DON GURITAN
J'ai fait douze cent lieues !

DON CÉSAR
Moi, deux mille ! J'ai vu des femmes jaunes, bleues,
Noires, vertes. J'ai vu des lieux du ciel bénis,
5   Alger, la ville heureuse, et l'aimable Tunis,
Où l'on voit, tant ces Turcs ont des façons accortes,
Force gens empalés accrochés sur les portes.

DON GURITAN
On m'a joué, monsieur !

DON CÉSAR
Et moi, l'on m'a vendu !

Victor Hugo, *Ruy Blas*, 1838.

DOÑA SOL
Je vous suivrai.

HERNANI
Parmi mes rudes compagnons,
Proscrits, dont le bourreau sait d'avance les noms,
Gens dont jamais le fer ni le cœur ne s'émousse,
Ayant tous quelque sang à venger qui les pousse ?
5   Vous viendrez commander ma bande, comme on dit ?
Car, vous ne savez pas, moi, je suis un bandit !
Quand tout me poursuivait dans toutes les Espagnes,
Seule, dans ses forêts, dans ses hautes montagnes,
Dans ses rocs, où l'on n'est que de l'aigle aperçu,
10   La vieille Catalogne en mère m'a reçu.
Parmi ses montagnards, libres, pauvres, et graves,
Je grandis, et demain trois mille de ses braves,
Si ma voix dans leurs monts fait résonner ce cor,
Viendront... – Vous frissonnez ! Réfléchissez encor.
15   Me suivre dans les bois, dans les monts, sur les grèves,
Chez des hommes pareils aux démons de vos rêves
Soupçonner tout, les yeux, les voix, les pas, le bruit,
Dormir sur l'herbe, boire au torrent, et la nuit
Entendre, en allaitant quelque enfant qui s'éveille,
20   Les balles des mousquets siffler à votre oreille.
Être errante avec moi, proscrite, et, s'il le faut
Me suivre où je suivrai mon père, – à l'échafaud.

Victor Hugo, *Hernani*, 1830.

TABLE DES MATIÈRES

Couverture et page de titre :
J. VERNET, *Le port de la Rochelle* (détail)
© Photo JOSSE

Achevé d'imprimer par Corlet, Imprimeur, S.A. - 14110 Condé-sur-Noireau (France)
N° d'Éditeur : 10038093-II-(9)-OSBT 80° - N° d'Imprimeur : 15724 - Dépôt légal : juillet 1996 – *Imprimé en C.E.E.*